● 자칫 비뚤어지기 쉬운 자녀들을 바른 길로 인도해 주는 교훈서 !!

名家의 家訓集

명가의 가훈집 ● 녹색클럽 編

根深枝榮

은 광 사

_____ 님께

....

....

....

....

년 월 일

_____ 드림

이 책을 내면서

사랑하는 내부모 형제자매 여러분!

삼가 귀하신 여러분께 인사올립니다.

다름 아니옵고 이번에 저희「녹색클럽」에서 국내에선 처음으로 현대인의 가훈집을 발간하여 여러분 앞에 내어놓게 된것을 진심으로 감사를 드립니다.

때는 바야흐로 황금만능주의로 윤리도덕이 부패하여 갖가지 사회악이 범람하는 이 시대에 자녀를 양육하는 모든분들에게 —— 미래의 주인공인 청소년 여러분들 앞에 이 가훈집을 권해 드립니다.

세상에는 책도 많고 말도 많지마는 진정 우리 인생에 필요로 하는 모든 것을 집중적으로 실었읍니다. 종교인이든 비종교인이든 누구든지 한번쯤은 탐독해 볼만한 값진 책(冊)이며 가정에 한 권씩은 꼭 필요한 말(言)입니다. 천학비재함을 무릅쓰고 여러분의 따뜻한 사랑의 조언을 바라마지 않습니다.

아무쪼록 인류에 평화를 민족에 영광을 안겨 줄 조국 대한민국의 주인이신 여러분 가정에 신(神)의 무한하신 축복과 평강이 함께 하시기를 간절히 기원하는 바입니다.

녹색클럽 드림

가 훈 편

가훈은 제 2의 스승의 역할을 대행하며 화목하고 단란한 가정을 영위하게 하고 가족구성간의 생활지침서가 되어 자라나는 자녀들에게 정신적지주가 되어 그들이 바른길로 인도될 수 있도록 하는 가정의 한 디딤돌이라고 볼 수 있다.

유럽선진국의 미혼남녀들이 맞선을 볼때, 제일먼저 "당신 가정의 가훈이 무엇이냐?"고 묻는다고 한다. 그만큼 가훈이 차지하는 비중이 크다고 볼수 있으며 어린자녀들의 하얀 백지같은 마음밭에 잠재의식의 씨앗을 심어주어 암시적으로 책임감을 발동케하여 일생의 좌우명을 삼는 것이다.

켄터키주 통나무집에 유명한 바이블의 가훈으로 세계 제일의 대통령이 된 링컨은 훗날 고백하기를 "나는 우리집 가훈으로 일생의 좌우명을 삼고 백악관을 바라보았다."고 하였다.

가훈은 가정의 거울이요, 성공의 길잡이요, 말없는 교사다. 움막같은 집이라도 가훈이 걸려 있다면 그집은 희망의 불꽃이 솟아 오를 것이다.

- 가정교육의 중요성 -

우리 한국 교육수준은 세계에서 가장 높다는데 비해 범죄율 또한 세계 제 1위다.

그 이유는 무엇인가?

가정교육보다 학교교육에만 치중했기 때문이다. 학교에서 배우지 못하는 건전한 사고의 배양은 가정에서 길러주어야 함에도 불구하고 한국의 부모들은 대부분 학교교육으로 몰아붙이고 있다.

그 결과는 어떠한가……

성적미달로 인해 자살하는 학생이 있는가 하면, 무단탈선으로 인한 범죄의 소굴로 빠져들기도 하며, 폭넓은 인격수양의 부족으로 사회열등생이 되는 사람도 있다. 덴마크, 노르웨이, 스웨덴 등 사회보장제도가 잘돼 있는 나라는 감옥이 텅텅 빈다고 한다. 한국은 감옥을 하나 짓는데 국고를 낭비하며 인권유린 등으로 문제화가 되고 있는데 비해 지극히 대조적이다.

왜 이런 현상이 일어나는가?

이것은 가정교육의 부재라고 볼 수 있다. 가정교육의 지침이 되고 거울이 되는 것은 가훈이다. 무섭고 엄격한 가훈의 힘은 자녀를 바른길로 인도한다. 그러므로 그런 나라는 결혼할 연령이 되면 상대방 가정의 가훈을 묻는다고 하는 데 그 이유가 있다.
가훈의 중요성을 알자.

행복
목애실

효화우성

가정

15

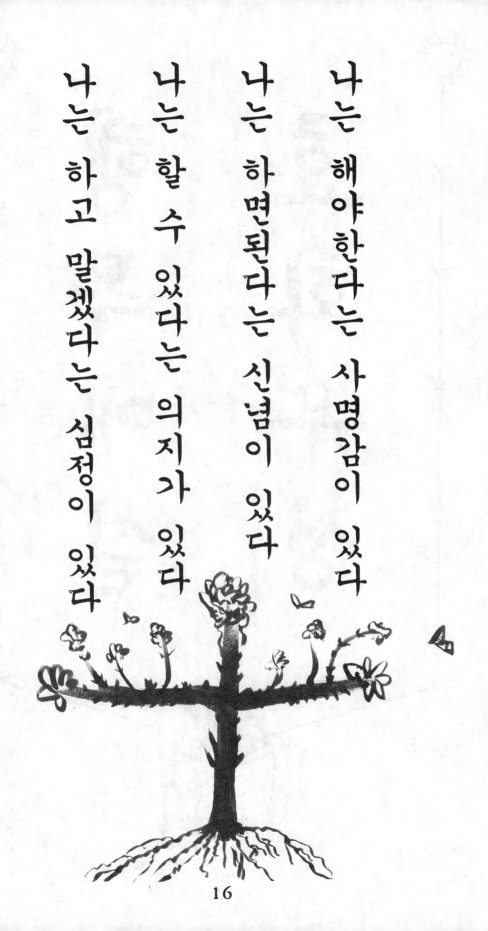

나는 해야한다는 사명감이 있다

나는 하면된다는 신념이 있다

나는 할 수 있다는 의지가 있다

나는 하고 말겠다는 심정이 있다

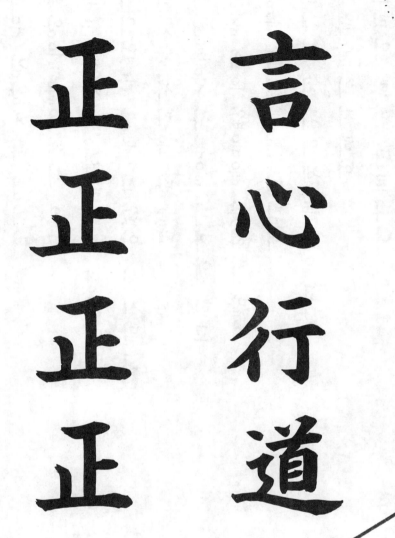

言心行道
正正正正

마음을 다스리는 글들

복은 검소한데서 생기고

덕은 겸양에서 생기며

재앙은 물욕에서 오고

죄는 참지 못하는데서 생기며

이익없는 말을 실없이 하지말고

덕있는 사람을 받들며

지혜로운 사람을 가까이 하고

내몸 대우없음을 탓하지 말며

남을 손해하면 마침내

그것이 자기에게 돌아오고

세력을 의지하면

도리어 화가 따르나니

이 글을 새겨서

다 같이 영원히 살아갈지어라

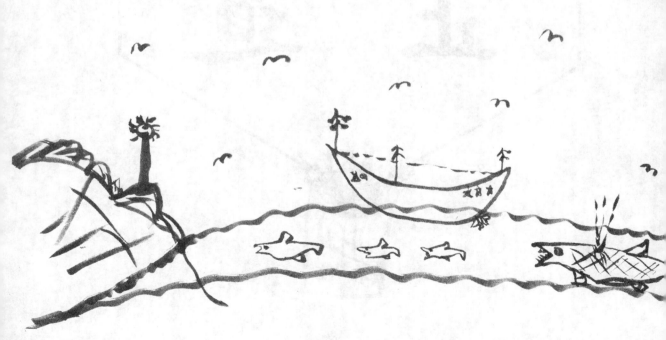

18

德은 외롭지 않고

義는 부끄럽지 않다

세상을 밝게 살며

마음을 넓게 갖고

희망을 크게 품자

한가지 뜻을 두고 앞으로 가라

잘못도 있고 실패도 있으리라

그러나 일어나 앞으로 가라

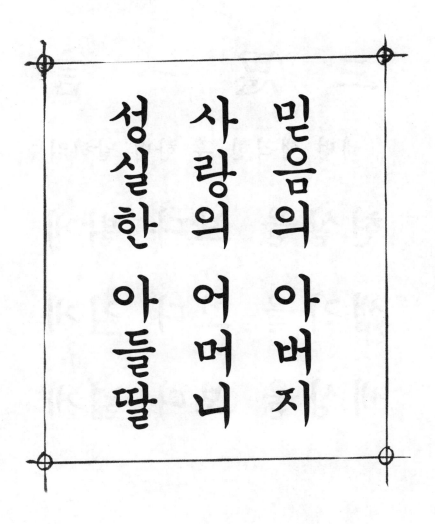

믿음의 아버지
사랑의 어머니
성실한 아들딸

21

三 思 一 言

(세번 생각한 후 한번 말하라)

현실을 보다 밝게

생각을 보다 깊게

세상을 보다 넓게

내 아들을

두려움 앞에서
자신을 잃지 않는 사람

정직한 패배에
부끄러워 하지 않는 사람

승리 앞에서
겸손할 줄 아는

그러한 사람이 되게 하소서

높은 목표로서
스스로를 다스리게 하소서

그렇게 함으로써 위대한 것은
노력함에 있다는 것과

참된 힘은
너그러움에 있다는 것을

내 아들로 하여금
마음에 새기도록 해주소서

23

이런 아이가
되게 하소서
배움에 철저하고
의무에 충실하며
과거를 돌아보고
미래가 뚜렷하며
현실에 강하면서
자신을 책임지는
꿈을 갖는 아이로
자라나게 하소서
고난에 도전하고
정의에 용감하고
승리에 겸손하며
패자에 관용을
자신을 다스려서
헛되지 않는 삶을
노력하는 자세로
성숙하게 하소서

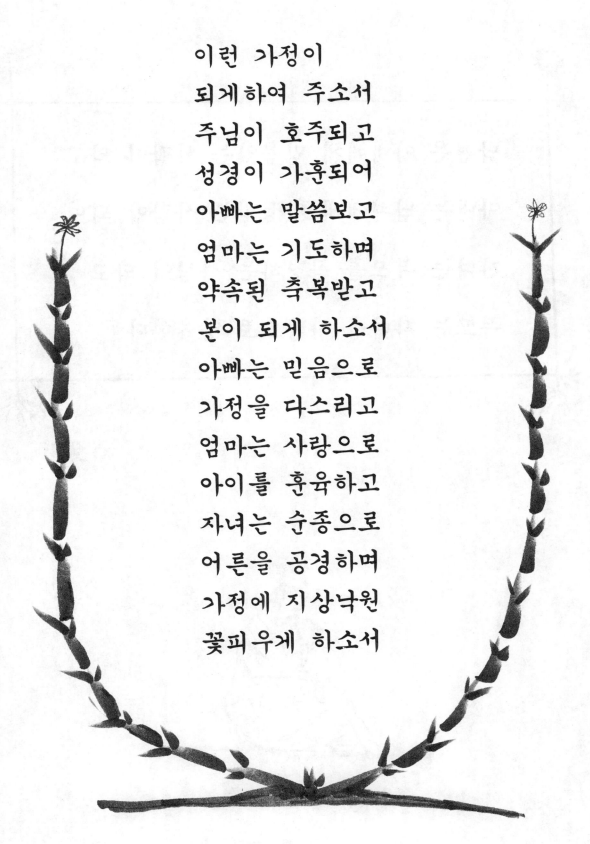

이런 가정이
되게하여 주소서
주님이 호주되고
성경이 가훈되어
아빠는 말씀보고
엄마는 기도하며
약속된 축복받고
본이 되게 하소서
아빠는 믿음으로
가정을 다스리고
엄마는 사랑으로
아이를 훈육하고
자녀는 순종으로
어른을 공경하며
가정에 지상낙원
꽃피우게 하소서

남편은 아내에게 믿음있는 사람이 되고

아내는 남편에게 인정받는 사람이 되며

자녀는 부모를 공경하는 사람이 되고

부모는 자녀를 사랑으로 양육한다

돈을 잃은 것은 조금 잃은 것이요

명예를 잃는 것은 많이 잃은 것이요

건강을 잃은 것은 전부를 잃은 것이요

신앙을 잃는 것은 영생을 잃는 것이다

27

십자가의 멍에를
핑계치 아니하고
달란트의 직분을
불평치 아니하고
생활과 환경을
변명치 아니하고
충성된 종이라고
인정받게 하소서
땅끝까지 이르러
주님사랑 전하고
밀알되게 하소서

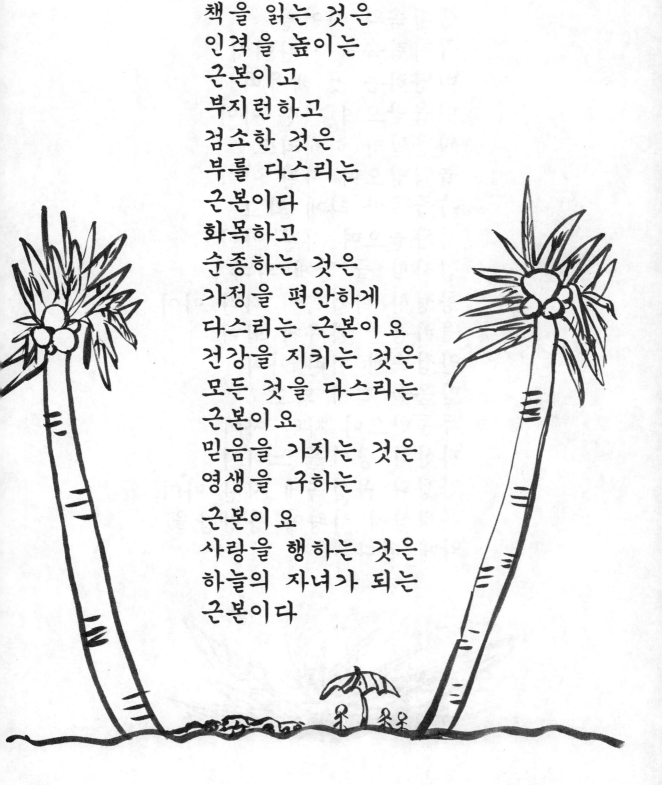

책을 읽는 것은
인격을 높이는
근본이고
부지런하고
검소한 것은
부를 다스리는
근본이다
화목하고
순종하는 것은
가정을 편안하게
다스리는 근본이요
건강을 지키는 것은
모든 것을 다스리는
근본이요
믿음을 가지는 것은
영생을 구하는

근본이요
사랑을 행하는 것은
하늘의 자녀가 되는
근본이다

생활속의 아이들
꾸지람속에 자란아이
비난하는 것 배우며
미움받으며 자란 아이
싸움질만 하게되고
놀림받으며 자란 아이
수줍음만 타게 되고
칭찬들으며 자란 아이
감사할 줄 알게 된다
공정한 대접속에 자란 아이
올바름을 배우게 되며
안정속에 자란 아이
믿음을 갖게 되고
두둔받으며 자란 아이
자신의 긍지를 느끼며
안정과 우정속에 자란 아이
온세상에 사랑이 충만함을
알게 된다

소년들이여──
꿈을 가져라
밝고 건강하게 힘차게 뛰놀며
미래의 희망찬 목표를 세우고
힘차게 전진하라
언제나 자신감을 갖고
강한 의지로 밀고 나가라
불의를 미워하고
정의에 용감하며
봉사하는 정신
사랑하는 마음을 가져라
환경에 좌절하지 않고
배고픔도 참고
추위도 견디며
늠름하고 용감한 사람이 되라
그리고
언제나 가슴을 펴고 당당히 걸어라
적극적인 자세
하고 말겠다는 신념을 가지고
최선을 다하라

사랑은 오래참고
사랑은 온유하며
투기하는 자가 되지 아니하며
사랑은 자랑하지 아니하며
교만하지 아니하며
무례히 행치 아니하며
자기의 유익을 추구치 아니하며
성내지 아니하며
불의를 기뻐하지 아니하며
진리와 함께 기뻐하고
모든 것을 참으며
모든 것을 믿으며
모든 것을 바라며
모든 것을 견디느니라
그런즉 믿음 소망 사랑 이 세가지는
항상 있을 것인데 그중에 제일은
사랑이라

> 네 시작은 미약하였으나
> 네 나중은 심히 창대(昌大)
> 하리라

이것은 유명한 미국의 16대 대통령 에브람 링컨의 가훈이다.

이 가훈으로 소년 링컨은 좌우명을 삼고 용기와 지혜를 창출해 내는 원천이 되었고,

15세의 국민학교 3학년 중퇴자가 백악관의 주인이 되겠다는 신념의 씨앗이 움트기 시작한 것이다.

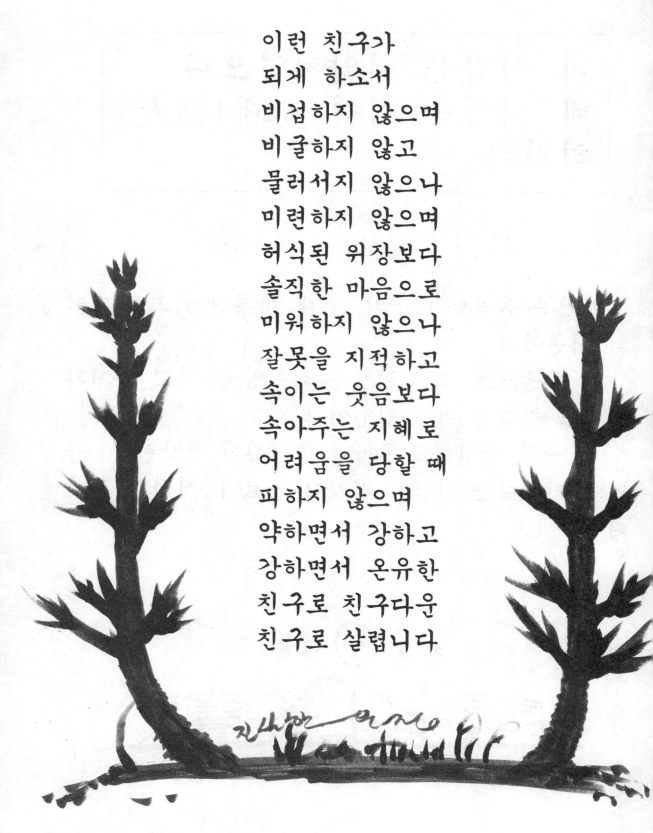

이런 친구가
되게 하소서
비겁하지 않으며
비굴하지 않고
물러서지 않으나
미련하지 않으며
허식된 위장보다
솔직한 마음으로
미워하지 않으나
잘못을 지적하고
속이는 웃음보다
속아주는 지혜로
어려움을 당할 때
피하지 않으며
약하면서 강하고
강하면서 온유한
친구로 친구다운
친구로 살렵니다

34

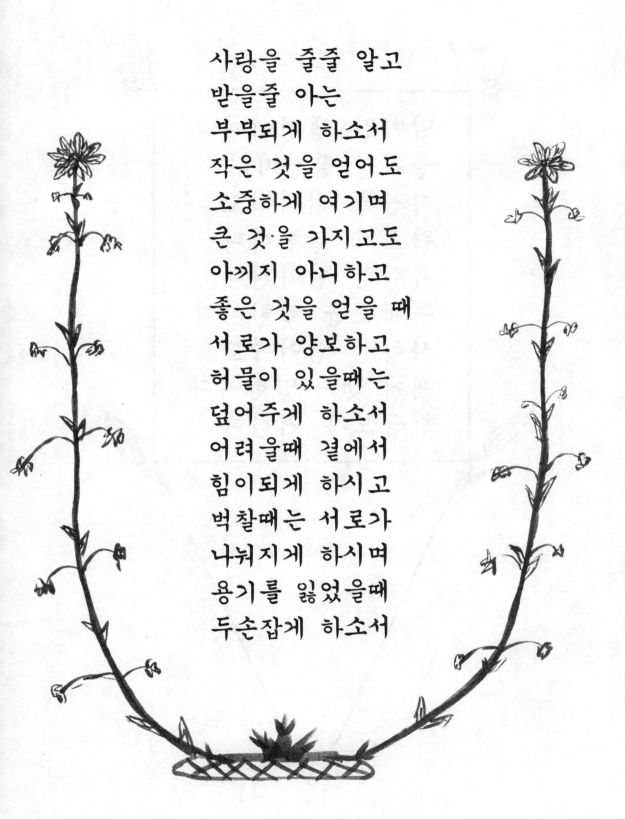

사랑을 줄줄 알고
받을줄 아는
부부되게 하소서
작은 것을 얻어도
소중하게 여기며
큰 것을 가지고도
아끼지 아니하고
좋은 것을 얻을 때
서로가 양보하고
허물이 있을때는
덮어주게 하소서
어려울때 곁에서
힘이되게 하시고
벅찰때는 서로가
나눠지게 하시며
용기를 잃었을때
두손잡게 하소서

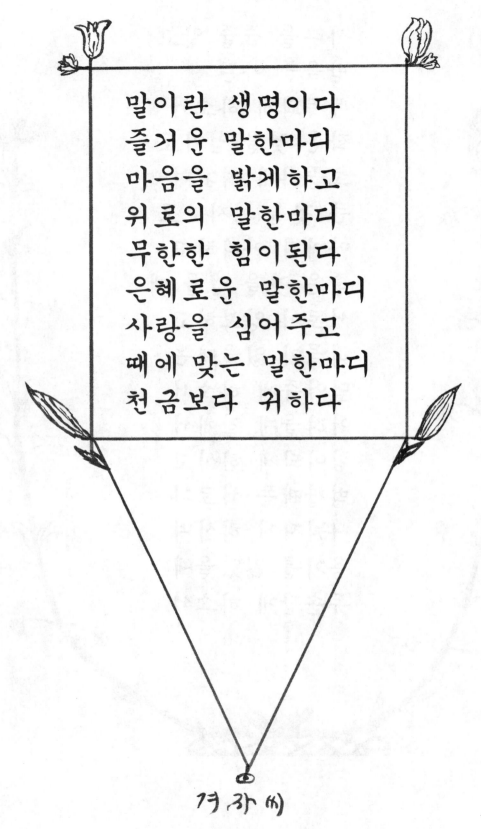

말이란 생명이다
즐거운 말한마디
마음을 밝게하고
위로의 말한마디
무한한 힘이된다
은혜로운 말한마디
사랑을 심어주고
때에 맞는 말한마디
천금보다 귀하다

경자씨)

36

착한사람 보기를 즐겨하며
착한일 듣기를 즐겨하며
착한말 이르기를 즐겨하며
착한뜻 행하기를 즐겨하라
남의 착한일 보거든 기뻐하고
남의 악한 것을 듣거든
자기의 몸에 진것같이 하고
남의 착한 것을 듣거든
난초를 몸에 진것같이 하라

꺼지는 등불을
꺼지아니 하시고
상한 갈대도
꺾지않게 하소서
뛰노는 맥박에서
영원한
생명의 신비로
알게 하시고
따뜻한 심정의
고동에서
한 생명의
존귀를
깨닫게 하소서
돈이 많은 이와
돈이 없는 이를
박식한 이와
유식한 이를
내가 잘아는 이를
내가 잘모르는 이를
차별하지 않게
하소서

아——
온 천하를 주고도
바꿀 수 없는
사람의 생명
하나님의
아들딸의
생명을 지키는
너무나도
이 엄청난
벅찬 사명의
두렵고 무섭고
자랑스러움을
깨닫게 하소서

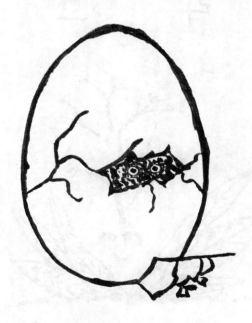

아침에는 희망찬 계획을 하고
낮에는 성실한 노력을 하고
저녁에는 반성과 기도를 하라

40

오늘일을 내일로 미루지 말며
자기일은 자기가 하고
집안일을 도우며
어버이를 공경하라

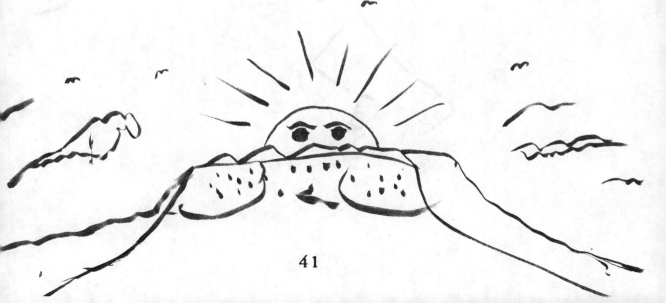

41

인생은 하루하루 엄숙한 경주이다.
보람있게 인생을 사는 지혜와 슬기로
계획하는 하루 성실하는 하루
반성하는 하루가 되어
후회없는 인생을 살아가도록
최선을 다하여야 한다

幸 福

진실한 행복은 아픔이 있다
알고보면 그 아픔 자체가
행복인 것이다
해산의 고통은 아픔이지만
그 아픔이 가장 큰 행복인
것이다

내아들아—

밤 늦게까지 나가놀지 말며
술과 담배는 삼가하고
정신을 해치는 유해장소에 가지말라
송죽같은 우정을 키우며
폭력을 쓰지 말고
도적질을 하지 말라
솔직하고 정직하며
불쌍한 사람을 도우며
정의에 용감한 사람이 되라
조국을 위해 민족을 위해
생각하는 사람이 되어
부디 학업에 정진하여
이나라 이민족을 위해
훌륭한 사람이 되어다오

善 行

한 방울의 물이 비록 작아도
큰 병을 채우나니 작은 착함이 모여
큰 행복을 이룰 수 있고
낙수물이 바위를 뚫는 것은
그 무게에 있는 것이 아니라
그 잦음에 있듯이
작은 선행이 모아져
큰 뜻을 이룰 수 있느니라

45

아름다운 마음을 가집시다

안녕하십니까?라고 말하는
반가운 마음

고맙습니다. 라고 말하는
감사한 마음

덕분입니다. 라고 말하는
겸허한 마음

미안합니다. 라고 말하는
반성의 마음

제가 하겠습니다. 라고 말하는
봉사의 마음

네 그렇습니다. 라고 말하는
유순한 마음

이런 마음을 가지도록 우리 모두
노력합시다

소년들이여——
야망을 가져라
크고 위대한 일은 위대한 생각을 품고
노력했던 사람이다.
성공한 사람은 모두 같이 위대한
꿈의 소유자였다.
당신의 상상력이나 창조력의 힘은
천하를 질 수 있다.
소년들이여
꿈을 가져라.
고정관념에 얽매이지 말고
창조적으로 밀고 나가라.
하면 된다는 신념을 가지고
노력하라.
기필코 당신은 성공할 수 있다.

성 안내는 그 얼굴이 참다운 덕이구요
부드러운 말 한마디 미묘한 향이로다.
깨끗해 티가 없는 진실한 그 마음이
언제나 한결같은 우리가족 마음일세.

48

일평생 나아가 입신양명하고 싶은가
그렇다면 남이 쉬고 있을 때 분투하라.

가장 용감하다는 칭호를 받고 싶은가
그렇다면 전체를 이끌고 행하라.

가장 건강하다는 말을 듣고 싶은가
그렇다면 유혹을 물리쳐라.

가장 성공했다는 말을 듣고 싶은가
그렇다면 탐욕을 버려라.

가장 행복한 사람이라는 말을 듣고 싶은가
그렇다면 사랑을 베풀어라.

가장 존경받는 사람이 되고 싶은가
그렇다면 믿을 수 있는 사람이 되라.

생각이 바뀌면 행동이 바뀌고
행동이 바뀌면 습관이 바뀌고
습관이 바뀌면 성격이 바뀌고
성격이 바뀌면 인격이 바뀌고
인격이 바뀌면 운명이 바뀐다

거듭남

하루에 수확을 보려거든 장사를 하고
일년에 수확을 보려거든 곡초를 심고
십년에 수확을 보려거든 나무를 심고
백년에 수확을 보려거든 사람을 심고
영원한 수확을 보려거든 복음을 심으라

소년들이여——

좋은 친구를 사귀도록 하라.

좋은 친구는 꽃과 같아서

그 향기가 동화되어

나도 그와 함께 착한 사람이 되고

나쁜 친구와 같이 있으면

저도 모르는 사이에

그 영향을 받아서

나도 그와 함께 나쁜 사람으로

물들게 된다.

친구는 인생을 빛나게 하기도 하고

망하게 하기도 한다.

소년들이여……

나쁜 친구의 속삭임에

귀를 기울이지 말라.

하루의 계획은 아침에 있고
일년의 계획은 봄에 있고
일생의 계획은 어릴 때 있고
영생의 계획은 거듭날 때 있다

눈물의 렌즈로 하늘나라를 본다……

그가 없을 때 그를 칭찬하고

그가 있을 때 그를 존경하고

그가 괴로울 때 그를 위로하며

그가 아플 때 그를 도우라

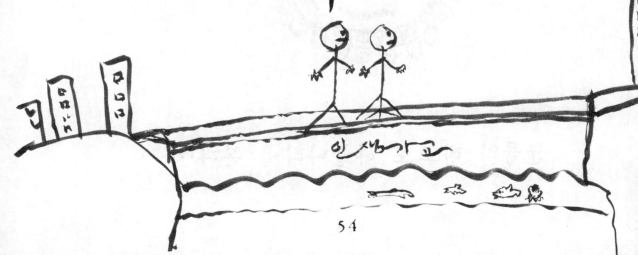

인생가교

54

모든 일에 정성을
주어진 일에 최선을
목적있는 행동을
후회없는 생활을

궁정적 　 부정적

자녀들아
너희 부모를 공경하라
이것이 옳으리라
네 아버지와 어머니를 공경하라
이것이 약속있는 첫계명이니
네가 땅에서 잘되고 장수하리라

지혜를 얻는 자와
명철을 얻는 자는
복이 있나니
이는 지혜를 얻는 것이
은을 얻는 것보다 낫고
그 이익이
정금보다 나으리라

GOD

노하기를 더디하는 자는
용사보다 낫고
자기의 마음을 다스리는 자는
성을 빼앗는 자보다 나으리라

욕심이 잉태한 즉 죄를 낳고
죄가 장성한 즉 사망을 낳으리라

여간 채소를 먹으며 서로 사랑하는
것이 살찐 소를 먹으며
서로 미워하는 것보다 나으리라

누가 현숙한 여인을 찾아 얻겠느냐
그 값은 진주보다 더하니라
그런 자의 남편의 마음은 그를 믿나니
산업이 핍절치 아니하겠으며
그런자는 살아있는 동안에 그 남편에게
선을 행하고 악을 행치 아니하느니라

내가 진실로 너희에게 이르노니
한알의 밀이 땅에 떨어져 죽지 아니하면
한알 그대로 있고
죽으면 많은 열매를 맺으리라

오직 성령의 열매는 사랑과
희락과 화평과 오래참음과
자비와 양선과 충성과 온유와
절제니 이같은 법을 금지할
법이 없느리라

자기의 육체를 위하여 심는 자는
육체로부터 썩어진 것을 거두고
성령을 위하여 심는 자는
성령으로부터 영생을 거두나니
우리가 선을 행하되 낙심하지 말찌니
피곤하지 아니하면
때가 이르면 거두리다

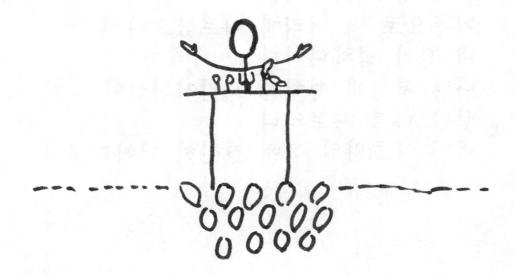

여호와는 나의 목자시니
내가 부족함이 없으리로다
그가 나를 푸른 초장에 누이시며
쉴만한 물가로 인도하시는도다
내 영혼을 소생시키고
자기 이름을 위하여 의의 길로
인도하시는도다
내가 사망의 음침한 골짜기로 다닐지라도
해를 두려워 하지 않는 것은
주께서 나와 함께 하심이라
주의 지팡이와 막대기가
나를 안위하시나이다
주께서 내 원수의 목전에서
내게 상을 베푸시고
기름으로 내 머리에 바르셨으니
내 잔이 넘치나이다
나의 평생에 선하심과 인자하심이
정녕 나를 따르리니
내가 여호와의 집에 영원히 거하리로다

복있는 사람은
악인의 꾀를 좇지 아니하며
죄인의 길에 서지 아니하며
오만한 자리에 앉지 아니하고
오직 여호와의 율법을 즐거워 하여
그 율법을 주야로 묵상하는 자로다
저는 시냇가에 심은 나무가 시절을 좇아
과실을 맺으며
그 잎사귀가 마르지 아니함 같으니
그 행사가 다 형통하리로다
악인은 그렇지 않음이여
오직 바람에 나는 겨와 같도다
그러므로 악인이 심판을 견디지 못하며
죄인이 의인의 회중에 들지 못하리로다
대저 의인의 길은 여호와께서 인정하시나
악인의 길은 망하리로다

훈계받기를 싫어하는 자는
자기의 영혼을 경히 여김이라
견책을 달게 받는 자는
지식을 얻으리라

하나님이 세상을 이처럼 사랑하사
독생자를 주셨으니 누구든지
저를 믿으면 멸망치 않고 영생을
얻게하려 하심이니라

세상에는 금도 있고 진주도
많거니와 지혜로운 입술은
더욱 귀한 보배니라

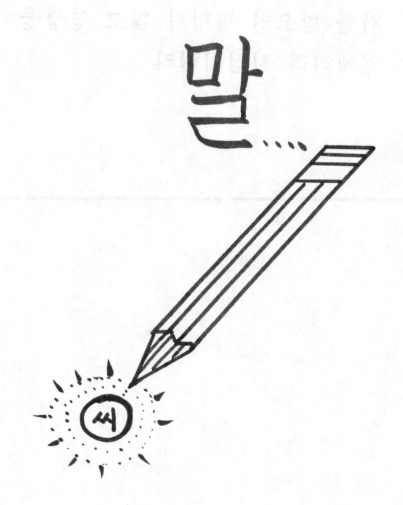

누구든지 제 목숨을 구원코자 하면
잃을 것이요
누구든지 나를 위하여 제 목숨을
잃으면 찾으리라

사랑의 진리를 배워라
힘으로도 정복할 수 없고
돈주고도 살 수 없는 것이
사랑의 진리다
그것을 내가 가지고 있을 땐
아무런 가치가 없지만
남에게 주었을 때
행복의 꽃이 만발하리라

사랑의 진리를 배워라
어떠한 고난과 환란이 닥쳐와도
절대 물러서지 않으며
굴복하지 않는 것이
사랑의 진리다
그것은
한알 밀알과 같이
썩지 않을 땐
한알 그대로 있지만
그것이 썩어질 때
많은 결실의 열매를 맺으리라

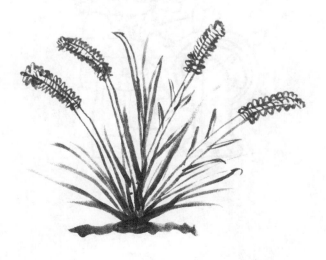

꼭 필요한 사람이 되자

玉은 갈아야 빛이 나고
사람은 배워야 道를 아느니라

信 念

人　　言　　今　　心
(사람)　(말씀)　(지금)　(마음)

⇨ 신념 ＝ 사람 ＝ 당신

신념은 옳다는 확고부동한 믿음이요, 나도 할수 있다는 강한 자기 암시이다.

천만인이 반대해도 나는 이길을 가겠다는 힘과 용기의 산물이 곧 신념의 자기 암시다.

그러므로 자기 암시의 신념은 만난을 극복하며 승리의 면류관을 쓸수 있는 원동력이 된다.

하면된다

精神一到
何事不成

고난도전
학문연마
미래창조
대망성취

성공의 뿌리를 깊게

누구나 추악한 것을 보았다면
손으로 금해야 한다.
만일 손으로 금할 수 없다면
말로 금해야 한다.
말로 금할 수 없다면
마음으로 금해야 한다.
마음으로 한 사람은
가장 약한 신앙이다.

당신이 ──
번민과 괴로움에 몸부림 칠때
이렇게 생각하라
그리고 이렇게 외쳐라
나는 행복하다
나는 기쁘다
나는 강하다
내게는 희망이 있다
슬픔도 괴로움도 물러가라
희망은 아직 내곁을 떠나지 않았다
운명아 길을 비켜라
내가 나간다
난 용기의 사나이야
으 하 하 · · · ·
이 구리빛 팔뚝을 보란 말이야
난 신념의 사나이야
으 하 하 · · · ·
이렇게 웃으라
필시 당신은
새로운 기운이 솟아 날 것이다
이것이 곧 만난을 극복할 수 있는
마력의 자기 암시다

생명의 멜로디를 들어라

좋은 책과 사랑의 말씀은 생명의 멜로디와 같다.

죽음의 전주곡을 듣지 말라

만약 음란비디오 도색잡지 광기어린 음악은 죽음의
전주곡과 같다.

생명의 멜로디는 쓰지만 행복과 성공을 보장한다

죽음의 전주곡은 달지만 불행과 타락으로 이끌어
내린다

"이기주의" 자기만을 위해 살지 말라

자기만을 위해 사는 사람은 행복하고 똑똑해
보이지만 하늘은 그를 외면한다.

"이타주의" 남을 위해 살라

남을 위해 사는 사람은 미련하고 바보처럼
보이지만 하늘은 그를 사랑한다

당신은 보물을 하늘에 쌓아두라

거기에는 좀도 없고 도둑도 없다

당신은 보물을 땅에 쌓아두지 말라

거기에는 좀도 있고 도둑도 있다

당신이 선을 행한것 만큼 하늘나라 창고에 쌓여진
다. 먼훗날 인생의 창가에 불가항력이 닥쳐왔을 때
당신은 기쁨으로 그것을 거둬들일 것이다. 이것이
인생이다.

어느 여행자가 지옥을 구경하게 되었다. 거기에는 진수성찬이 차려져 있는데 수저의 길이가 120㎝나 길었다. 지옥의 백성들은 저마다 그 큰 수저를 들고 음식을 먹으려고 애를 쓰고 있었으나 먹지를 못하고 비쩍 말라 있었다.

　　그 다음 여행자는 천국을 구경하였다. 천국에도 지옥에서 본것 같은 120㎝짜리 수저가 있었으나 천국 백성들은 즐겁게 음식을 먹고 있었다.

　　그들은 서로 음식을 먹여주고 있었던 것이다. 그들은 남에게도 도움을 주므로써 자기가 원하는 도움을 받을 수 있다는 것을 알고 있었던 것이다.

　　이것이 천국과 지옥의 차이인 것이다.

　　남에게 맛있는 것을 주라. 그러면 당신도 맛있는 것을 얻을 수 있다.

여자를 울리지 마라
여자를 울리는 남자는 바보같은 사람이다
여자는 당신의 힘이요 당신의 태양이다
당신의 희망이요 당신의 행복이다
여자를 약올리지 마라
여자가 품어내는 독기는 오뉴월에 서리가 내린다
여자의 사랑 여자의 기도는
당신을 성공으로 안내한다
여자를 잘 다루어라
행여나 깨어질라 옥합에 담긴 그릇처럼
소중하게 다루어야 한다
여자를 대우하고
여자를 인정하며
여자를 칭찬하고
여자를 사랑하라
그러면 당신도 맛있는 것을
얻을 수 있고
성공할 수 있다

남자를 울리지 마라
남자를 울리는 여자는 어리석은 사람이다
여자의 눈물은 값이 싸지만
남자의 눈물은 굉장히 비싸다
사나이가 울면 천하가 운다고 했다
사나이 눈물은 값지고 고귀한 것
헐값에 홀리지 않는다
남자를 배신하지 마라
남자를 좌절케 하지마라
남자를 절망케 하지마라
여자는 현실을 보고
남자는 이상을 갖는다
현실이 어렵고 고달파도
남자를 헌신짝처럼 버리지마라
남자를 강도를 만들지마라
남자를 실패자로 만들지마라
나폴레옹도 징기스칸도
한낱 여자의 치마폭에 놀아난 사람이다
남자는 세계를 지배하고
그 남자는 그대 여자가 만드는 것이다

나는 누구인가──
50억 인구중에 잘 생기고 멋있는
살아 움직이는 걸작
천상천하 유아독존이요
인류를 대표하는 소우주요
우주는 나의 축소판이요
아 아‥‥‥위대하다
나의 존재가치가 이토록 고귀하고
위대할 줄이야‥‥‥
그렇다!
나는 참 나를 찾았다
절대 망설이지 않겠다
주저하지 않겠다
운명아 길을 비켜라
내가 나간다
뜻이 있는 곳에 길이 있다
이제부터 승리는 내것이다
승리는 내것이란 말이야
으 하 하‥‥‥

끊임없이 생각하라
흐르는 물과 같이 살아 생동하는 물이 되라
정체해 있는 물은 죽는다
내게서 생각이 정지되면
나는 산송장이 된다
마음가짐에서 인생의 행불행이 좌우된다
사나이는 할 수 있다
무엇이든지 해낼 수 있다
가능성의 꿈을 꾸라
사람은 생각한다 그런고로 나는 존재한다
원망 후회 절망의 눈사람을 만들지 말라
희망과 비젼의 눈사람을 만들어라
마음의 세수를 하라
마음의 청소를 하라
마음의 창문을 열라
그러면 아름다운 자신을 발견할 것이다
당신 마음속에 숨겨놓은 보화를 캐라
그것을 숨겨놓고 있을 땐
아무런 빛을 발할 수 없지만
마음속에서 솟아오를 때
아름다운 빛을 발할 수 있느리라

겸손하게 배우는 자세를 가져라
겸손하게 배우는 사람이 잘 가르칠 수 있고
겸손하게 잘듣는 사람이 잘 말할 수 있다
공자님도 밭가는 농부에게 배웠다
인간은 개미한테 배울점이 있다
그들에겐 지도자도 주인도 하인도 없다
겨울을 대비하여 열심히 일할 뿐이다.
자기 상실을 하지 말라
자기 비아를 하지 말라
거지는 왜 거지가 되는가
마음이 게으르고 생각이 가난하기 때문이다
한번뿐인 인생
고귀한 인생
마음을 크게 가지고
생각을 크게 품고
고난에 도전하며 실패에 굴하지 않고
피땀흘리고 노력하여
성공하는 사람이 되라
꼭 필요한 사람이 되라
그리고 하늘이 필요로 하는 사람이 되라

돈이란…

칼과 같은 것
의사가 잡으면 사람을 살리고
강도가 잡으면 사람을 죽인다.

돈이란 이런 것
돈이 없어 병원 문앞에서 죽어가는 사람이
있는가 하면,
돈이 너무 많아 돈의 무게에 짓눌려 죽는
사람도 있다.
당신은 돈을 얼마나 벌었는가를 자랑치 말고,
어디다 어떻게 썼는가를 자랑하라.
돈의 사용도에 따라 인생의 가치가 달라지는
법이다.
당신이 벌어들인 돈을 어디다 사용했는가?

첫날밤에──

지혜로운 신랑 신부는
깨끗한 몸과 마음으로
침실에 들기 전에
두손을 마주잡고
하나님께 기도한다
태어날 아기를 위해서
간절히 기도한다
첫날밤 1시간이
태중교육 10개월보다 중요하고
태중교육 10개월이 10살 교육보다
중요하다고 한다
신랑신부들이여
첫날밤에
아기를 위해 기도하라

참 진리란

다이어몬드와 같은 것
수많은 빛을 내며
불변성을 지닌
"다이어몬드"
그러나
그보다 더욱 귀한 것은
그대 마음속에 묻혀 있는
"마음의 다이어몬드"
그것이 빛을 벌때는
몇배 몇갑절 더한
빛으로
온 천하를
밝힐 수가 있느리라

인생의 신호등을 지켜라
향락의 교통사고
탐욕의 교통사고
우정의 교통사고
사랑의 교통사고
믿음의 교통사고
이것 모두가 욕(慾)이라는
근원에서 비롯된 것이다.
인생의 원리의 궤도를 이탈하는 욕은
당신의 인생을 망가뜨린다.
바쁠수록 천천히
얕은 내도 깊게
천천히 생각하면서
깊게
높게
넓게
건너라

현숙한 어머니는
아기를 내몸같이 사랑하고
모유를 먹이려고 애쓴다
아기는 엄마의 따뜻한 젖가슴속에
엄마의 심장 고동소리를 듣는다
엄마의 체온 엄마의 사랑이 그대로
아기에게 전달되고
몸도 튼튼 마음도 튼튼
꿈나무는 무럭무럭 커나간다
세상에 가장 아름다운 그림은
엄마가 아기에게 젖을 먹이는
모습이라고 한다
위대한 인물은 반드시
그속에서 태어난다
엄마의 심정과 엄마의 모든 것이
송두리째 아기에게
전달되기 때문이다

사람은 모든 것을 거부할 수 있다
그런데 딱한가지 거부할 수 없는 것이 있다
그것은 죽음이다
이것 하나만은 인간에게 주어진 평등이다
사람은 돈으로 모든 것을 살 수가 있다
그런데 딱한가지 살 수 없는 것이 있다
그것은 사람의 마음이다
보이는 물질은 돈으로 살 수 있지만
보이지 않는 마음만은 돈으로 정복할 수 없다
이것 하나만은 인간에게 주어진 공평성이다

주여 이런 배우자를 주소서
가문이나 학벌을 내세우기 보다
미래의 목표가 뚜렷한 사람
돈이나 명예에 추파를 보내지 않는
확고한 신념의 의지가 넘치는 사람
걸사람의 외모를 평가하기 보다
속사람의 미덕을 볼줄 아는 사람
현재의 고난에 도전하여 참고 견디며
미래의 성공의 열쇠를 질 수 있는 사람
고래등 같은 기와집을 자랑하기 보다
자기집의 가훈을 자랑하는 사람
책망보다 이해를 꾸중보다 칭찬을 해주는
바다같은 넓은 마음을 가진 사람
추우나 더우나 배고프나 병들거나 평생을
사랑해 줄 수 있는 사람
받는것 보다 주는 사랑으로
남으로부터 존경과 인정을 받는 사람
세상의 향락을 쫓지 아니하고
주님의 사랑을 실천하는 용기있는 사람
주여! 이런 배우자를 내게 주소서

마음은
우리가 생각하는 대로
골라 기를 수 있는
꽃밭과 같은 것
가시덤불을
키울 수도 있고
아름답고 향기로운
꽃을 키울 수도 있고
그러나
아무리 하찮은 잡초라 해도
꽃피우는걸
배울 수 있다네

「만약 실패한다면」라는 용어를 사용하지 말라
불가능이라는 말을 하지 말라
할 수 없다는 나약한 말은 하지 말라
이것은 부정적인 어두운 요귀의 장난이다
이런 어두운 요귀의 장난에 휘말리면 벌써
당신은 실패의 그늘에 서고 만다
할 수 없다는 것은 당신 마음이 할 수 없기
때문이다
할 수 있다면 할 수 있다
나도 그걸 할 수 있다
할 수 있다는 곳에 언제나 신이 함께 하신다
신은 용기있는 자 신념의 소유자
정의와 진리의 편에 선다
하면 된다
적극적으로 밀고 나가라
당신은 반드시 성공할 수 있다

우리 가정은
언제나 행복하고 기쁨이 넘치며
웃음꽃이 떠나지 않는다
서로 돕고 사랑하며
맡은바 직무에 최선을 다한다
희망이 있고 꿈이 있으며
미래를 창조해 나가는 지혜가 있다
믿음직스러운 아버지와
사랑의 미덕을 갖춘 어머니가 있으며
한가지 목표를 향해 전진하는
성실한 아들딸이 있다.

현대인의 질병

철학자 소크라테스는
"사람이 무지하여 선을 행치 못한다"고 했읍니다.
무지한 사람이 무자비하고 부도덕한 일을 한다는
뜻입니다.
그런데 요즈음은 무지한 사람보다 유식한 사람이
악한 일을 더한다고 합니다.
왜 그럴까요?
병이든 때문입니다. 무슨 병인가요?
  모르면서도 배우지 않는 병
  알면서도 가르치지 않는 병
  가르치면서도 행치 않는 병
그중에 현대인의 제일 큰 병은 알고 가르치면서
도 그대로 행치 않는 것입니다.
행함이 없으면 병은 계속됩니다.
그 병은 내게도 전염될 우려가 있으며 몇 퍼센트
의 위험부담을 안고 살아갑니다.
우리는 이런 극한 상황속에 살아갑니다.
우리가 원하는 사람은 유식한 사람이 아니라
무지할지라도 행하는 사람 자신의 촛불을 태우며
주위를 밝히는 사람입니다.

사람은 그릇과 같다
금그릇도 더러우면 주인이 쓰지 않는다
질그릇이라도 깨끗하면
음식도 담고 물도 담는다
그릇속에 무엇이 담겨 있는가에 따라
그릇의 가치가 달라진다
사람은 겉사람과 속사람이 있다
겉사람은 나타난 외형의 사람이고
속사람은 보이지 않는 마음이다
당신의 마음그릇에 무엇을 담고 있는가
금그릇 같은 더러운 부귀공명을 바라지 마라
비롯 가난하게 살지언정
남으로부터
존경과 사랑을 받는 깨끗한 그릇이 되라
이것이 인생이다.

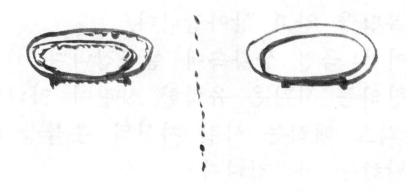

사람에게는 세가지 위대한 액체가 있다
그것은 곧 피와 눈물과 땀이다
피는 용기와 정열의 상징이요
눈물은 심정의 골수에서 토해내는 정성의 심볼이요
땀은 노력의 표상이다
모든 위대한 사람은
이 세가지 액체를 대우주에 증발시킨
댓가의 산물이다.

신념이 있는 사람은
뜨거운 가슴이 있으며 지칠줄 모르는
용기와 의지가 있다.
신념이 있는 사람은 봄날의 풀과 같으며 흐르는
냇물과 같다
신념이 있는 사람은 날으는 독수리와 같이
목표를 향해 전진한다
신념이 있는 사람은 역경을 이겨나가며
절대 좌절하지 않는다
신념이 있는 사람은 과거를 묻지 않으며
후회하지 않는다
신념이 있는 사람은 정의에 용감하며
고난에 도전한다
신념이 있는 사람은 오래참고 기다리며
물러서지 않는다
신념이란, 믿어 의심치 않는 마음 바로 그것이다
그러므로 무쇠보다 강하며 태산도
움직일 수 있는 엄청난 힘을 창출해 내는 것이다.

생명은 귀하다
한송이 국화꽃을 피우기 위해
소쩍새는 밤이 새도록 울었다
잃어버린 한마리 양을 찾기 위해
목자는 밤이 새도록 찾아 헤매었다
한송이 들국화는 새봄을 맞이하려
엄동설한의 차가운 폭풍우도 견디어 낸다
한 생명을 탄생시키기 위해 어머니는
10개월동안 갖은 정성과 기도를 드린다
한 생명은 천하보다 귀하다
그러므로 나는 귀하다
조국을 위해 민족을 위해 인류를 위해
크게 쓰여질 인물임을 자각하라.

지혜있는 사람은 모든 사람에게 배우는 사람
강한 사람이란 자기 감정을 다스리는 사람
풍족한 사람이란 자기가 가진 것으로 만족한 사람
겸손한 사람이란 모든 사람을 칭찬하는 사람
복있는 사람이란 내가 가진 것을 나누어 준 사람
필요한 사람이란 사회를 선도하는 사람
꼭있어야 할 사람이란 복음을 심어주는 사람이다.

주여 이 어두운 심령을
밝게 비추어 주소서

우리는 이 세상에서
사랑을 배우지 않으면
다음 세계에서
사랑의 전주곡을 들을 수 없다
이 세상에서
선을 행하지 않으면
다음 세계에서는
행복을 선택할 권리가 없다
우리는 우리에게
주어진 위치에 따라
선을 행한대로……
다음 세계에서
자신의 거할 집을
스스로 만드는 것이다.

"因果業報" 인과업보는

만고불변의 진리이며 사람이
무엇을 심던지 심은대로
거두는 법이다.

우리는 이 세상에서 배운 것을 통하여
다음 세계를 선택하는 것이다
이 세계에서 아무것도 안배우면
다음 세계는 이 세계와 똑같을 것이다
우리는 우리가 원하는 곳에 갈 자유가 있고
살고 싶은 곳에 있을 자유가 있다.

결혼이란,
마치 열차의 두 레일과 같다
어느 한쪽도 이상이 있으면
탈선 전복의 위험이 따른다
언제나 서로의 위치를 지키며
사랑의 원리의 궤도를 따라
공동목표를 향해
힘차게 인생노정을
창조해 나가는 것이다.

참된 선교란,
배고픈 자에게 빵을 주라
추위에 떠는 자에게 옷을 입혀라
정에 굶주리는 자에게 정을 나누어 주라
사랑에 굶주리는 자에게 사랑을 주라
심신이 피곤한 자에게 평안을 주라
인생을 방황하는 자에게 길을 안내해 주라
하나님을 모르는 자에게 믿음을 심어주라
인생의 죄진 자에게 구원의 확신을 주라

102

한 남자의 사랑을 받는 여자는
행복하지만,
만인의 사랑을 받는 여자는
불행해진다.

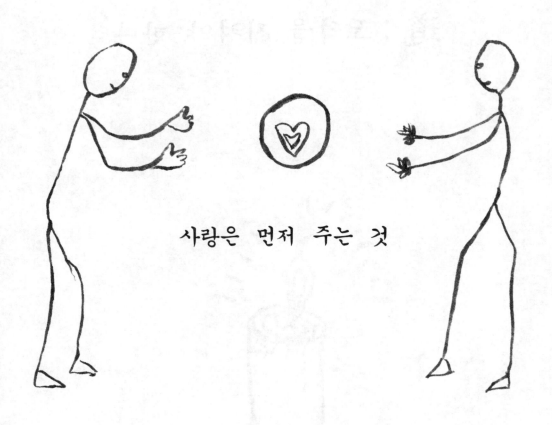

사랑은 먼저 주는 것

人生이란

信 : 믿음이 있어야 한다
望 : 희망을 가져야 한다
愛 : 사랑을 배워야 한다
道 : 도덕을 지켜야 한다

당신의 생애를 어떻게 보냈는가

당신의 젊음을 무엇을 위해 활용했는가

당신의 벌어들인 재산을 어디다 썼는가

당신은 배운것 만큼 행위도 했는가

당신은 주님의 사랑을 얼마만큼 베풀었는가

당신은 인류를 위해 얼마나 눈물을 흘렸는가

당신은 주님 맞을 준비가 돼 있는가

당신은 세상의 탁류에 떠내려 가는
고기가 되지 말고, 탁류를 거슬러 올라가는
살아 생동하는 신앙자가 되라.

승　화

우주만물을 사랑으로 지으신 하나님아버지
그 사랑 참으로 기이하도다
풀잎끝에 아롱진 새벽이슬을 밟으며
오늘도 천주산에 섰나이다.

통곡의 벽을 두드리는 내사랑 천주산아!
누가 천주산의 숭고한 사랑을 알리니까
누가 이 오척단구를 부수어 가루를 내어
천주산에 뿌려만 준다면……

못다한 나의 영혼이 승화하여
저파란 하늘에 오색무지개를 수놓아
천지를 뒤흔드는 굉음과 함께
사랑의 단비를 뿌려줄 수 있으련만……

목메어 불러보는 내사랑 천주산아!
골수에서 토해내는 영혼의 속삭임을 들어주오
나의 오체를 갈기갈기 찢어 기타줄을 만들어
그대 사랑의 멜로디를 들려주오……

十 字 架

당신은
거듭나는 이순간부터
절망에서 희망으로
미움에서 사랑으로
헤어짐에서 만남으로
슬픔에서 기쁨으로
다툼에서 용서함으로
나누어짐에서 하나로
방황에서 결단으로
두려움에서 용기로
그릇됨에서 진리로
죽음에서 영생으로
의혹에서 신앙으로
새롭게 태어날 것입니다

신념 노력
희망 설계
용기 전진
사랑 성공

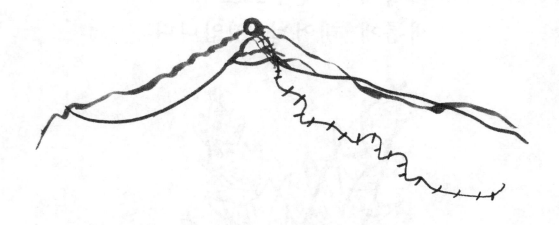

근검절약
실천생활
현실충실
모범행동

…자비를 베풀어라…

어떤 사람이 성자를 찾아왔다.
「저는 되는 일이 없고 사람들은
나를 싫어하며 불행한 일만 겹칩니다」
그것은 네가 남에게 베풀지 않았기 때문이다.
「나는 아무것도 없는데 무엇을 어떻게 베풀라는
말입니까?」
재물이 없어도 남에게 베풀 수 있는 일곱가지가
있다.
　　첫째, 마음을 열고 마음을 주어라
　　둘째, 몸으로 베풀어라
　　셋째, 좋은 눈으로 보라
　　넷째, 웃음띤 얼굴을 하라
　　다섯째, 좋은 말만 하라
　　여섯째, 양보심을 보여라
　　일곱째, 우호적인 감정을 행동으로 옮겨라
그후 그사람은 성공하고 행복한 사람이 되었다고
한다. 그러므로 남을 위하는 것이 곧 자기를
위하는 것이요, 남에게 먼저 선의를 베푸는 것이
자신을 행복하게 하는 것이다.

… 믿음대로 이루어진다 …

믿고 구원을 청하는 사람에게는
구원을 해주고 소망도 들어주지만
믿지도 않으면서 이뤄지면 믿겠다는
사람은 평생 소망을 이루지 못한다
믿는대로 이루어지기 때문이다
하나님은 장사꾼이 아니어서 흥정을
좋아하지 않으신다. 믿으면 목숨을 걸고
믿어야지 의심하면서 믿을 때 누가
도와주겠느냐 "너희가 만일 믿음이
이 겨자씨 만큼 있으면 이 산을 명하여
바다에 던지우라 하여도 그대로 될 것이요
또 너희가 못할 것이 없으리라."고
바이블은 말했다.

〈믿음은 보이지 않는 세계를 보는 것이다.
 이 비밀이 크도다……〉

···모든 것은 말대로 이루어진다···

말에 세금이 붙지 않는다고 함부로 해서는
안된다.
함부로 하는 말은 망언(妄言)이니
망언을 하다보면 망할 일이 생긴다
한마디 말을 해도 정성스럽게 하라.
성의껏 말하면 그 말은 행운을 만들어
준다. 말대로 이루어진다는 한자
말씀 언(言) 변에 이룰 성(成) 자가
정성 성(誠) 자 임을 음미하라.

〈태초에 하나님이 천지를 창조하시니라〉
  이말은 성경외에 세계 어느 책에도 없다
  성경은 이 지구상에 가장 먼저
  나온 문자요 언어다
  그러므로 성경은 하나님의 말씀이라고 한다.

… 도박하지 말라 …

노름꾼치고 복을 받은 사람은 없다
내가 따면 남에게 고통을 주는 길이 되어
그 원한이 나에게 돌아오고 내가 잃으면 스스로
고통을 만들게 되니 따도 손해요 잃어도
손해니라 옛부터 도박은 가정을 불행하게 만들고
나라를 망치게 하는 독소로 양심이 부도난
사람이 하는 망할 짓이다.

… 멀리 생각하라 …

길게 내다보고 미래를 설계하는
사람에게 복이 온다
눈앞의 이익에 급급한 사람에게는
복이 지나쳐 버린다
눈앞의 것을 집착말라
눈앞의 것은 금방 지나간다.

··· 아름다운 우리의 미풍양속을 지키자 ···

남의 나라를 배우기 전에 우리 것을 먼저 배우라
우리의 소중한 것을 모르고 남의 것만 대단한줄
아는 사람은 자신을 업신여기는 사람이니 자기를
업신여기는 사람은 하찮은 사람이다.
우리가 우리의 것을 업신여기는데 누가 우리를
대단하게 보아주겠는가.
우리나라도 AIDS 환자가 네명이나 죽었다.
앞으로 더 많은 환자가 사망할지 모른다.
이것 모두 남의 나라 퇴폐풍조의 소산물이다.
우리의 미풍양속을 업신여기고 헐값에 팔아넘긴
댓가다.
우리의 백의민족을 귀하게 여기지 않으면
누가 귀하게 여겨 주겠는가.
이제부터 우리는 바다건너 들어온
음란퇴폐풍조를 추방하도록 하자.

… 나의 그릇에 사랑을 담으라 …

똑같은 그릇이라도 밥담으면 밥그릇이요
국을 담으면 국그릇이 된다.
그대의 마음 그릇에 무엇을 담을 것인가
학문을 담으면 선생이 되고
탐욕을 담으면 강도가 된다.
그대의 마음그릇에 사랑을 담아라
사랑은 죽어가는 사람도 살린다
갑돌이의 상사병은 백약이 무효다
갑순이의 사랑이 특효약이다
그 사랑이 넘칠 때 사막의 오아시스가 된다
사랑이 병들고 죽어가는 시대
사랑의 핵폭탄을 터트려라
그래야만 너도 살고 나도 살 수 있다.

··· 잠재의식을 심어라 ···

고구려의 평강공주가 어렸을 때 잘 울었다. 그래서 울보공주라 했다. 임금님은 공주가 울때마다 바보온달에게 시집보내겠다고 얼러댔다.

세월이 흘러 어느덧 어여쁜 처녀가 된 공주에게 임금님은 상부 고씨에게 시집보내려 했다.

그러나 공주는 노였다. 감히 한나라 임금님이 거짓말을 해서는 안된다며 바보온달에게 시집가겠다고 고집했다. 임금님은 기가 막혔다. 어렸을 때 농담으로 놀려댄 말을 공주는 진심으로 받아들여졌다니······.

사람들은 일찌기 이 근본원인을 몰랐다. 어린아이의 마음은 하얀백지같은 마음이다. 그 순백의 마음밭에 바보온달이라는 암시적인 말의 씨를 심은 것이다. 그것이 자라나 공주의 머리속에 꽉차 버린 상태에서 어떤 이유나 물리적인 힘으로도 어쩌할 수가 없었던 것이다. 더욱 놀란 것은, 바보온달의 변화였다. 「당신은 바보가 아니요, 이나라에 위대한 인물이 될 사람이요」 아내로부터 수없이 듣던 그는 마침내 신념의 씨앗을 심은 것이다. 그후 그는 고구려의 유명한 장군이 되었다는 것은 역사가 증명한다.

···최선을 다하라···

최선을 다하라 최선을 다하는 사람에게
최선의 보상이 있으리라
오늘 일을 내일로 미루는 사람에게는
운명의 신이 주는 보상도 내일로 미루어 진다.
오늘은 오늘밖에 없다.
물에 빠졌다고 모두가 익사자가 되는건 아니다.
죽었다고 포기할 때 익사자가 된다
죽을 힘을 다하여 움직여라
죽을 힘을 다할 때 살 힘이 생긴다
하늘이 무너져도 솟아날 구멍이 있고
지진이 무너진 땅에도 샘물은 솟는다
황무지에도 꽃이 피는 법이고
호랑이에게 물려가도 정신만 차리면 산다
정신이 강하면 강할수록 대우주의
정기를 받아들여 뜻대로 소원이 이루어
진다는 것을 명심하라.

… 남편를 강도를 만들지 말라 …

몇년전 어느 가정의 일이다.
남편이 갑자기 실직을 했다. 놀고 있는 남편에게
아내는 매일같이 돈벌어 오라고 졸라댔다. 남편은
직장을 찾아 헤매고 다녔다. 마땅한 자리가 나타
나지 않았다. 거기다가 심장병까지 들었다. 아내
는 여느때와 같이 남편에게 돈벌어 오라고 성화를
부렸다. 화가 난 남편은 장롱속에 깊숙히 숨겨두
었던 총을 꺼내들고 은행을 강탈하다 잡혔다.
말하자면 아내가 남편을 강도로 만든 것이다.
바이블의 삼손도 울며 졸라대는 아내 데릴라때문
에 비참한 종말을 고한 예가 있다.
「어느 분이 이런 말을 했다.」
남자와 여자의 진정한 사랑을 알려면 인생폭풍우
를 만났을 때 사랑의 칼라가 변한다고 한다. 남
편의 사업부도 실직, 질병 등으로 인한 인생의 십
자가가 눈앞에 닥쳐왔을 때 많은 여자들은 남편
과 자식을 헌신짝 버리듯한 예가 얼마나 많았던
가. 역경이 없는 인생은 무가치한 인생이다. 나만
편안하게 먹고 노는 사람이야 똥만드는 기계밖에
더 되겠는가. 하나님은 이런 자기만을 위한 이기
주의 인생을 원하지 않으신다.

···희망을 가져라···

희망이 있는 인생은 강하다
희망이 없는 인생은 패배자다
희망은 인생의 힘이다
희망이 있는 인생은 성공한다
희망은 인생의 등불이다
희망은 인생의 기쁨이다
희망은 인생의 행복이다
희망은 인생의 원동력이다
희망은 인생의 꽃이다
희망은 인생의 태양이다

… 과거를 잊어라 …

작은 믿음은 과거를 믿는 믿음이고
큰 믿음은 미래를 믿는 것이니
소심한 사람은 과거에 사로잡혀
한발도 앞으로 나아가지 못한다
과거의 옷을 훌훌 벗어 팽개쳐라
그리고 미래의 새옷을 갈아입으라
그래야 새사람이 된다
성공할 수 있는 사람이 된다
당신은 무한한 가능성을 보유하고 있다
그 가능성을 향해 오늘 도전하라
실패의 과거는 희망찬 미래의
밑거름이 된다
그것이 자양분이 되어 성공의 열매를
맺게 한다
과거의 실패를 한탄하지 마라
그것이 성공으로 안내하는 인생항해의
등대불이 된다.
승리의 면류관을 향해 인생항해의
닻을 올려라. 그리고 목표를 향해
힘차게 전진하라.

…좋은 책을 읽어라…

좋은 책은 하늘이 주는 유일한 선물이다
위대한 영웅 발명가 학자를 보라
그들은 어렸을 때부터 좋은 책을 읽었던 사람이다
책을 통하여 우리가 만날 수 없는 위대한
선인들을 만나 개인지도를 받는다
링컨은 어렸을때부터 어머니로부터 물려받은
성경을 가죽끈이 끊어지도록 읽었다
사람이 책을 만들고 책이 사람을 만드는 것이다.

사람은 결정적 시기에 결정적인 책을 읽으면
결정적인 영향을 받는다
인간이 만든 창조물중에서 책처럼 위대하고
영원한 것은 없다
책속에는 깊은 지혜가 있고 위대한 사상이
있으며 빛나는 진리가 있고 우리의 심금을
울리는 뜨거운 감동이 있다.

… 마음의 키를 잡아라 …

배가 항해할 때 방향타가 필요하다
물결치는대로 바람부는대로 놔두면
배는 암초에 부딪쳐 산산조각이 나고 만다
사람의 운명도 이와 같으니
마음이 움직이는대로 놔두면
언제 어떻게 될런지 아무도 보장할 수 없다
내 자신이 나의 마음의 키를 잡아라
그래야 위험도 재난도 피해 갈 수 있는 것이다.

생각하는대로 이루어진다
나한테서 생각이 정지되면 나는 송장이 된다
거지는 얻어먹을 생각을 하기에
거지 행동을 하는 것이다.

··· 쓰다듬고 칭찬하라 ···

자녀는 어렸을때부터 중요한 인물임을
깨닫게 해야 한다. 스스로 자각을 함으로써
자기값을 알게되고 알기때문에 노력을 하게 된다.
그러나 하찮은 인간으로 여기면 자신의 가치를
깨닫지 못하고 별볼일 없는 인간으로 전락된다
하루에 세번씩 쓰다듬고 칭찬하라
위대한 인물은 그속에서 태어난다.

… 주는 자는 하늘의 보화로 남아진다 …

어느 인색한 할머니가 잠시 죽어서 저승엘 다녀왔다. 다른 사람들은 많은 보물과 상금을 받는데 자기는 겨우 짚한단 밖에 못받았다. 할머니는 화가나서 따졌더니 "너는 세상에 살면서 거지에게 짚한단 준것 밖에 더 있느냐 잔소리 하지 말고 네가 저금한 것이나 찾아가라"고 하더란다.

이것은 하나의 비유가 아니라 천리의 법칙은 바로 이런 것이기 때문이다.

예수님께서 이렇게 말씀하셨다. "이 불쌍한 소자에게 찬물 한그릇 대접하는 것도 결단코 하늘의 상을 잃지 않는다"고 하셨다.

하늘의 법은 곧 나보다 불쌍하고 어려운 사람을 위하는 것이며 어지럽고 혼탁한 이 사회를 위해 인류를 위해 헌신 봉사하는 것이다.

이 지상에서 천국건설 사업에 동참하지 않는 사람이 어찌 하늘나라 상을 바라리오. 내동포 내형제 자매가 마귀의 유혹에 빠져 사망의 늪에서 광란의 몸부림을 칠때 구원의 손길을 뻗치지 않은 사람이 어찌 하늘나라 상금이 있겠는가?

주는 사람이 복이 있습니다. 당신의 이타주의 사랑은 하늘나라 창고에 쌓여집니다.

··· 끝까지 밀고 나가라 ···

무엇이든지 좋은 일을 배웠다면 당장
행동으로 옮겨야 한다.
그것을 한두번 아니라 끝까지 시행하라.
그러면 틀림없이 좋은 일이 나타난다.
다이어몬드를 보라
다이어몬드는 다이어몬드 가루로써 연마할 수
있다. 그것을 한두번 닦아서 광채가 나는 것이
아니고 끊임없이 갈고 닦아서 빛을 내듯이
인생도 그와 같은 것이다.

　　　금보다 귀한

　　　信念을

　　　가져라
　　　반드시 당신은 승리할 수 있다

… 회사를 내 몸같이 아끼고 사랑하라 …

이왕 회사에 몸을 담았으면 일찍 출근하고 늦게 퇴근하는 충성을 보여라. 언제나 회사 발전에 도움이 될 새로운 아이디어를 창안하라.

웃사람을 잘모시고 주어진 직무에 최선을 다하며 아랫사람을 덕으로 다스려라. 그것이 당신을 출세하게 만든다. 성공한 사람을 보라 남보다 더 많이 노력하고 주어진 일외에도 성의를 보인 사람이다. 어느 사원의 일이다.

땅바닥에 떨어진 핀 하나를 줍는 그의 정성이 마침내 그는 회사의 최고간부자리에 올랐다. 사소한 일 하나라도 놓치지 않고 충성을 다해보라. 당신은 분명히 성공할 인물이 된다. 내가 이회사를 세계제일의 회사로 만들겠다는 정신을 가지고 일해 보라. 틀림없이 장래는 하늘이 보장 한다.

도적질하지 마라. 비록 당신이 그 일에 성공했다 하더라도 얼키설키 짜여진 조직의 눈이 항상 감시하기 마련이고 그 어느날 당신은 눈물을 머금고 회사를 떠나야 할 것이다. 남을 속이고 회사를 기만하지 마라. 세상을 넓게 살고 그대 마음밭에 진실과 사랑을 심으라. 그것이 당신을 행복과 성공으로 이끄는 원동력이 된다.

… 삶 이 란 …

돈이 없다고 너무 서러워마라.
돈이 인생의 전부가 아니다.
진정한 행복이란 영혼에 깃드는 것이다.
공중에 나는 새를 보라 심지도 않고 추수하지도
않는데 굶어죽지 않는다.
천석꾼은 천가지 걱정이 있고 만석꾼은 만가지
걱정이 있다고 한다.
재물을 부당하게 모으지 마라.
부당하게 모은 재물은 좀이 먹고 도적이 들어온다.
오이씨를 심으면 오이를 얻고
콩을 심으면 콩을 얻는 이치와 같다.
사람이 무엇을 심든지 심은대로 거두는 법이다.
악의 마음을 가지고 악을 행하면 그 결과는
창살없는 감옥의 신세가 되며 또는 마음의
감옥에서 번민과 괴로움을 당하게 된다.
선한 마음을 가지고 선을 행하면
비록 당장은 나타나지 않을지라도 먼훗날
싹이나고 돋아나 밝은 태양을 맞이할 것이다.
악을 행하지 마라.
악을 행하는 자는 하늘을 향해 침을 뱉는 것과
같다. 결국엔 자기머리위에 떨어지는 원리와 같다.

… 정상을 정복하라 …

산을 타는 사람은 만물의 이치를 안다. 한발자국
이라도 높이 오르는 자가 더멀리 볼 수 있다. 어
느나라에 지혜로운 임금이 있었다. 임금님은 그나
라에서 가장 영통하다는 장님을 초청하여 코끼리
를 만지게 했다.

갑이란 장님 왈, (이것은 틀림없이 덕석이라고 소
리쳤다) 을이란 장님 왈, (아니 이건 부지깽이 같군)
병이란 장님 왈(어이쿠 이건 솥뚜껑아냐) 그리고는
임금님께 아뢰었다. 코끼리 한마리에 세사람의 대
답은 각기 달랐다. 그럴수 밖에 없었다. 갑이란 장
님은 코끼리 배를 만졌으며, 을이란 장님은 꼬리
를 만졌고, 병이란 장님은 귀를 만진 것이다.

임금님은 이 광경을 보고 껄껄 웃으셨다. 그리
고 말씀하셨다. 너희들은 한부분만 보고 성급하게
결론을 내렸다. 마음의 눈을 떠라. 그래야 코끼
리 전체를 볼수 있느리라. 산을 타는 사람도 이
와 같은 것이다. 정상을 정복한 사람은 천하만국
을 볼수 있지만, 산중턱밖에 오르지 못한 사람은
오직 보이는 앞부분만 보고 말할 뿐이다. 그러므
로 피나는 인간도야의 경지에서 사랑의 진수를 아
는 것이다.

… 웃는 자에게 복이 온다 …

행복의 꽃은 웃는 얼굴이 만든다.
이 세상에 가장 아름다운 꽃은 웃음꽃이다.
우리는 기쁠때 웃지만 웃으면
기뻐지는 법이다. 언제나 마음속에
미소를 품으라. 그 미소는 기쁨과
행복의 꽃을 수없이 피우는 원동력이 된다.

… 한가지 뜻을 두고 앞으로 가라 …

가다가 보면 장애가 생기고 그 장애를
넘고 보면 또 장애가 있다.
그러나 그 장애가 나를 위해 있고
능력있는 사람으로 키워주는 것이다.
평온한 바다는 익숙한 항해사를
만들지 못함과 같다.
노력하고 노력하여 하나님께
매달리는 것이다.
그러면 하나님은 당신을 도와주실 것이다.
배는 넓은 대양에서보다는 항구안에 있을때
훨씬 더 안전하다. 그러나 배는 항구에 있기
위해서 만들어진 것은 아니라는 점이다.
그러므로 사람도 이와 같은 것,
비바람 휘몰아치는 만경창파를 헤치고
목표를 향해 전진하는 것이다.

··· 인사를 잘하라 ···

언제 어디서나 누구를 만나더라도
깍듯이 인사를 하라.
인사란 인간의 도리이니 도리를 다하는 사람에게
행운은 오게 되느리라.
직장에서 성공한 사람과 그렇지 아니한
사람을 비교해 보라.
성공자는 다른 사람들보다 훨씬
인사를 잘하고 있다는 것을 알게 된다.
인사는 상대방을 반가워 하고 있다는 표시이며
사랑과 존경의 표시이기도 하다.
벼는 익을수록 고개를 숙이듯
사람된 사람일수록 고개를 잘 숙이는 법이다.
모르는 사람과 마주쳐도 공손히 인사를 해보라.
네가 달라지고 내가 달라지고 우리가 달라진다.

…천생연분인줄 생각하라…

혹시 아내(남편)을 잘못 만났다고 생각해 보지는
않았는가? 내가 이 사람을 만나지 않았더라면
이 고생은 하지 않았을텐데……
하는 바보같은 생각을 하지를 마라.
이 세상에 잘못 만나는 것이 없으며 다만 잘못
본것 뿐이다. 그사람과 나는 잘 만났다.
그러나 어디를 어떻게 보느냐가 문제다.
(이사람이 어쩌다가 나같은 사람을 만나
이 고생을 하고 있나……?) 라고
생각해 보라. 모든 것은 내 탓이지
그사람 탓이 아닌데 나는 그사람 탓을 하고 있는
것이다. 내가 바꿔지면 상대방도 바꿔진다.
마음을 넓게 가져라.

…손해보고 한 결혼은
하늘이 도와주신다…

부와 명예를 쫓아 한 결혼은 실패하는 수가 있지만 자기가 밑지고 한 결혼은 神이 함께 하신다.

어느 교회의 일이다. 난쟁이와 결혼한 어여쁜 여대생이 있었다. 처음에는 부모형제도 내버린 자식이라고 내몰았지만, 지금은 정말 남부럽지 않게 부자로 잘살며 교회도 열심히 충성한다고 한다.

또 한예는 교통사고로 식물인간이나 다름없는 반신불수 남자를 사랑하고 결혼한 간호원이 있다. 그 간호원이 말하기를 「예수님은 우리 죄를 위해 십자가에 못박혀 돌아가셨는데 나는 이 버림받은 한 영혼을 구해주지 못한다면 어떻게 주님을 믿는 신앙인이라고 말할 수 있겠는가……」라고 말하고 주위의 만류를 뿌리치고 결혼하여 잘산다고 하며 몸도 차츰 완쾌해지고 아들딸 낳고 행복속에 사업도 날로 번창해지고 이웃으로부터 참신앙의 향기를 풍긴다고 한다.

심프슨 부인과의 사랑을 위해 대영제국의 왕위를 버린 윈저공의 사랑도 예외는 아니지만,

「너희가 선을 행하되 낙심하지 말쩌니 피곤하
지 아니하면 때가 이르면 거두리라」
고 한 바이블의 말씀을 한번 음미해 보라.
　참사랑이란 바로 이런 것, 자기가 희생하고 봉사
하여 남을 살리고 인류를 구원하는 마음이다.

… 사랑을 주어라 …

이 세상에서 사랑으로 해결하지 못할
문제가 없다. 사랑은 만병통치약이다.
「사랑은 주는 것이다」 남을 행복하게
해주려는 노력이다.
이 노력을 반복할때 이미 그 열기가
나를 행복하게 할 것이 분명하다.
사랑은 내가 가지고 있으면 아무런
가치가 없지만 그것을 남에게 주었을때
아름다운 꽃이 만발할 것이다.

··· 역경을 이겨라 ···

역경에 이기면 성공자가 되고
역경에 굴복하면 실패자가 된다.
역경이 없는 인생은 무가치한 인생이다.
금이 수백도의 불속에서 달구어져
순금이 나오듯, 고난의 불속에 피눈물을 흘린
사람이 위인도 되고 성자도 된다.

인생은 자작자연의 연극이다.
자기가 각본을 쓰고 자기가 연출을 하고
자기가 주인공이 되어 살아가는 것이다.
성실이란 무엇이냐?
인생을 열심히 전력투구의 자세로
살아가는 것이다. 즉 최고의 목표로
최선을 다하는 것이다.

… 창조적인 사고를 기르라 …

생각하고 생각하며 또 생각해 보라.
인간은 생각할 수 있는 유일한 생명체이다.
또 무엇이든지 해낼 수 있는 신념의 에너지를
가지고 있다.
나의 발전을 위해 무엇이 필요한가?
이 사회를 위해 무엇을 해야 하는가?
이나라 이사회를 위해 무엇을 할까를 생각하라.
나는 어딘가 크게 쓸모가 있게 태어났다는 것을
잊지 말라. 그것을 행동으로 옮겨야 비로소
큰 그릇으로 모습이 바뀌어 진다.

미래를 생각하라. 미래속에서 당신은 당신의
남은 인생을 영원히 보낼 것이기 때문이다.
오늘의 성취는 그곳으로 가는 디딤돌이라는
사실을 명심하라.

…괴로운 마음은 귀신의 장난이다…

괴로워 하지마라. 근심하지 마라.
번민과 갈등을 하지 마라. 이 모든 것은
마음속의 어두움을 만들어낸 귀신의 장난이다.
밤이 어두움에 요귀들이 활개를 친다.
갖가지 죄악을 창출해 낸다.
요귀들의 유혹을 물리쳐라. 마음의 문을 활짝 열고
빛을 쏘아 넣어라. 빛이 있으면 요귀는 물러가고
찬란한 태양처럼 빛나는 자신을 발견하게 될
것이다.

성공이란 결국 하기 어려운 데에서 이루어지는
것이며,
실패란 너무 빨리 단념해 버리는 데에서
오게 되는 것이다.
위험을 무릅쓰지 않고는 어떠한 진보도
있을 수 없다는 것을 알아야 한다.

···마음을 다스려라···

몇 년 전의 일이다.

어느 신혼부부가 제주도 여행을 다녀와서 신부는 난생 처음으로 최고의 요리솜씨를 발휘해서 조반상을 차려왔다. 식사 도중 신랑이 그만 큼직한 바윗돌을 씹고 말았다. 화가 난 신랑은 (밥도 제대로 못짓는 것이, 내가 눈이 삐었지 저런것을 부인이라고 데려왔으니……) 라고 화를 내었다.

이에 신부는 가만있지 않고 (아니— 돌멩이 하나 씹었다고 뭐 그리 야단이유 내참 별꼴 다보겠네……)

아니 뭐라구……

이러쿵 저러쿵 하다가 그만 신랑이 식칼로 부인의 꽃같은 가슴을 칼로 찔러 숨지게 하고 자기도 자살한 사건이 몇 년 전에 있었다. 애궂은 돌멩이 하나 때문에 신혼부부를 숨지게 한 사건으로 보기엔 너무나 어처구니 없는 죽음이었다.

두사람 모두 학문의 상아탑이라는 대학을 졸업한 인텔리켄차에 속하는 사람들인데 어찌하여 이런 비극이 있었을까요? 한마디로 지식은 배웠지

만 사랑은 배우지 못했기 때문이지요. 이해와 사
랑이 동반하지 않는 말 한마디가 그런 불행한 결
과를 낳은 것이다. 말에는 씨가 있기 때문에 조
심해야 합니다. 사랑하는 사람일수록 말입니다.

의사도 고치지 못하는 병이 있다

그것은 마음의 병이다.
마음이 아프면 육신이 아프고
마음이 건강하면 육신도 건강하다.
마음이 청결하면 명예도 빛나고
마음이 성공하면 성공할 수 있다.
마음이 실패하면 실패할 수 밖에 없는 것은
마음속에 심은 것이 밖으로 나오기 때문이다.
그러므로—
미래의 희망찬 마음을 품어라.
닫혀 있는 그대 마음의 窓을 열라.
빛을 받아들이고
우주의 생체에너지를 마음껏 마셔라.
그리고—
남을 미워하는 마음을 버리고 용서하라.
그러면 당신의 응어리진 마음은 눈녹듯 녹아져
새로운 새순이 돋아날 것이다.

… 아기는 날 때부터 배운다 …

몇 년 전에 인도 캘커타 밀림지대에서 늑대소년을 발견했다. 비정의 어머니는 형제아기를 늑대가 우글거리는 밀림지대에 버렸다. 울고있는 아기의 울음소리를 듣고 늑대가 거두어 젖을 먹이고 키웠다. 늑대새끼와 인간이 배다른 형제지간으로 늑대 엄마의 젖을 빨면서 자랐다.

자라는 도중에 아기는 늑대의 모습을 닮게 되었고 네발로 기어다니며 밤눈이 밝고 코는 예민하며 냄새를 잘 맡았으며 네발로 달리면 개처럼 빨라서 사람이 따라갈 수 없었다. 어깨는 넓었고 하지는 굽어서 펴지지가 않았다. 물건을 거머쥐는데 손을 쓰지 않고 입을 사용했으며 음식이나 물을 개처럼 핥아먹었다. 인간교육을 받는 동안에도 방안을 기어다녔으며 사람들이 손을 내밀면 달려들었다. 낮에는 어두컴컴한 방에서 틀어박혀 졸고 있는가 하면 밤이되면 길게 짖어댔다. 그런데 유감스럽게도 5살짜리는 인간들의 생활양식에 면역성이 약해 죽고 3살짜리는 겨우 인간의 모습으로 회복되었다고 한다. 그만큼 엄마의 젖과 엄마의 교육 생활환경이 중요하다는 것을 잘 알 수 있다.

···運은 자기가 만든다···

밝은 소리는 태양처럼 밝은 마음을 샘솟게 하고,
우는 소리는 슬픈일 괴로운 일을 이끄는 계기가
된다.
맑고 밝은 소리를 내라 소리에 따라 운명은
만들어 진다.
비가 올적에 비를 멈추게 할 수 없지만
우산을 쓰고 피해 갈 수 있다. 운도 그와같이
내가 만드는 것이다. 그러므로─
가슴을 펴고 앞을 보고 당당히 걸어라.
양쪽 호주머니에 손을 넣고 움츠리고 병든닭처럼
걷는 사람에게 복이 들어오지 않는다.
복은 당당하고 자신있는 사람에게 주어지는
것이기 때문이다.

···절망하지 마라···

어떤 절뚝발이가 있었다.

철이들 무렵 그는 자신을 한탄하고 세상을 원망했다. 어느날 그는 시장통에 두다리가 절단된 거지가 드러누워 구걸을 하고 있는 모습을 보았다.

"한푼줍쇼"

두손을 벌리는 그의 처량한 모습을 보고 그는 마음을 고쳐먹었다. 나보다 더 억울하고 불쌍한 사람도 있었구나. 그는 헌리아카를 준비하여 엿판을 얹었다.

"엿사려!"

고물삽니다. 사이다병도 좋고 할머니가 신다버린 헌고무신도 좋시유!

그는 골목길을 누비며 꿈과 희망의 고함을 쳐댔다. 그는 이렇게 시작하여 지금은 숨은 재벌로 건재해 있다.

서울장애자 올림픽때 하체가 완전히 절단된 캐나다의 캐니선수를 보라. 그는 꿈을 잃지않고 밝은 마음으로 살아간다.

문제는 세상만사 마음먹기에 달렸다.

젊은 청소년들이여 꿈을 가져라 —

…사랑은 생명의 근원이다…

사랑은,
말못하는 식물도 알아본다.
하녀가 물을 주며 가꾼 꽃과
주인 마님이 물을 주며 가꾼 꽃을
비교 실험해본 결과
주인이 물을 주며 가꾼 꽃이
훨씬 잘자랐다는 통계가 나왔다.
옥수수 밭에 음악을 들려주면
더욱 잘자란다는 것은
이미 잘 아는 사실이고
유럽선진국에선
범인체크를 식물 선인장으로
판명한다고 한다.
바이블의 말씀대로
이런 타락한 인간들의 심성을
만물이 꿰뚫어 본다는 것을
확인한 셈이다.
그러므로 죄짓지 말라.
양심을 속이지 말라.
하늘이 알고 땅이 알고
만물이 알고 그대 자신이 알고 있다.

···미래의 희망찬 노래를 불러라···

노래는 인생을 열어주는 길잡이다.

이것은 자신도 모르는 사이에 노래가사가 담긴 잠재의식의 법칙대로 자신의 운명이 결정되는 것이다. 얼마전에 무엇하나 부러울것 없는 젊은부부가 가정상담소를 찾아왔다. 뚜렷한 이혼의 조건도 없는데 그냥 이혼하고 싶다는 것이다. 알고보니 부부는 이혼의 가사가 담긴 유행가를 자주 불렀다고 한다. 그것은 곧 자신도 모르는 사이에 이혼하고 싶다는 "잠재의식"이 발동한 것이다.

그런 놀라운 사실을 깨달은 부부는 행복과 성공의 가사가 담긴 노래로 바꾸어 불렀다고 하는데 지금은 신혼초기의 행복을 만끽하고 있다고 한다. 낙엽따라 가버린 사랑을 부른 차중광도 낙엽따라 가버렸지만, 쨍하고 해뜰날을 부른 송대관은 캐딜락을 타고 다닌다. 노래는 당신의 운명을 좌우한다. 왜냐하면 노래는 잠재의식의 씨앗을 심어주기 때문이다. 그것이 암시요법의 작용으로 무서운 힘을 발동하는 것이다. 당신은 이제부터 미래의 희망찬 승리의 노래를 불러라.

그러면 당신은 분명코 승리할 것이다.

··· 항상 감사하라 ···

어떤 고난도 이유없이 오는 것이 아니다. 다 이유가 있는 법이다. 나무는 비바람속에서 강하게 자라고 다이어몬드는 수천척 지하 깊은 땅속에서 용암의 열기와 땅의 무게에 짓눌려 나무가 숯이 되고 숯이 또 다이어몬드를 만드는 것이다. 은혜를 받고 싶으면 감사한 마음으로 생활을 하라. 언제나 감사하라 잘되도 감사 못되도 감사 감사하는 마음은 하늘을 움직인다. 감사의 생활은 은혜의 증거니라. 그러므로 고통을 견디어 이기라는 축복으로 받아들이는 자에게는 복이 있으리라.

언제나 감사의 노래를 불러라.
노래는 생명의 고동소리이며
생명의 간절한 염원이다.
노래는 생명의 맥박이요,
생명의 밝은 숨소리다.

… 죄없는 자가 돌로 쳐라 …

서기관들과 바리새인들이 간음중에 잡힌 여자를 끌고 와서 가운데 세우고 예수께 말하되 선생이 여 이 여자가 간음하다가 현장에서 잡혔나이다.

모세는 율법에 이러한 여자를 돌로 치라 명하 였거니와 선생은 어떻게 말하겠나이까?

저희가 이렇게 말함은 고소할 조건을 얻고자하 여 예수를 시험함이러라. 예수께서 몸을 굽히사, 손가락으로 땅에 쓰시니 저희가 묻기를 마지아니 하는지라 이에 일어나 가라사대 너희중에 죄없는 자가 먼저 돌로 치라 하시고 다시 몸을 굽히사 손 가락으로 땅에 쓰시니 저희가 이 말씀을 듣고 양 심의 가책을 받아 어른으로 시작하여 젊은이까지 하나씩 하나씩 나가고 오직 예수와 그 가운데 섰 는 여자만 남았더라.

누가 이세상에 죄없는 자가 있다고 말하리요. 나도 죄인 너도 죄인 우리 모두가 죄인이다. 단 지 들어난 죄 숨겨둔 죄의 차이가 있을 뿐이다.

… 양초 한개의 빛 …

홍콩의 대실업가 한사람이 불치의 병에 걸려 죽음의 선고를 받아놓고 세아들을 불렀다. 너희들에게 오늘 각자 10센트씩 줄테니 이 빈방을 가득 채울 수 있는 것을 사오너라. 내가 준 10센트이상은 써서는 안된다. 해지기전에 돌아오너라.

큰 아들은 건초를 한짐 끌고와 빈방을 채웠다. 둘째아들은 솜 한포대기를 메고 왔다. 그래 수고들 했다. 그런데 막내는 왜 여태 안오는가?

한참 후 막내는 빈손으로 돌아왔다.

왜 너는 빈손으로 돌아왔느냐?

"아버지……" 매우 작은 소리로 불렀다.

10센트중에 배고픈 거지에게 빵을 사주고 나니 1센트 남은 것은 이 양초를 샀습니다. 그리고는 막내는 촛불을 밝혔다.

빛이 온 방을 구석구석 가득 메웠다.

〈너희는 세상의 소금이 되고 빛이 되라〉

··· 남을 먼저 구하는 것이
내가 사는 길이다 ···

　10년전의 일이다. 불란서의 어느 공회당에 불이 났다. 당시에 명성있는 학자들이 한데 모여 학술회의를 하고 있었다. 모든 사람들은 내가 먼저 살겠다고 문쪽으로 달려갔다. 그런데 유감스럽게도 그 문은 안으로 당겨야 열리는 문이었다. 서로 그 지옥의 밑창을 빠져 나갈려고 몸부림을 치다보니 모두 같이 불에 타죽었다.
　지금 많은 종교인들이 이런 그릇된 신앙관을 가지고 있다. 남이야 죽든말든 자기들만 천당가겠다고 아우성이다. 또 자기네들 교리를 믿어야만 천국간다는 장님코끼리 만지는 식의 편협한 사고를 가지고 있다. 진정한 하나님의 뜻이라면 내가 천당가겠다고 이기적인 몸부림을 칠 것이 아니라,
　「저 어두운 지옥밑창에 인생의 미로에 빠져 방황하는 영혼들을 구원하기 위해 지옥문을 열어야 한다」비록 내일 바닷물이 뒤집혀 육지가 되고 육지가 바다되는 그날이 온다 할지라도 나는 오늘 버림받은 한 영혼을 구원하겠다는 주님의 심정을

품은 자라야 천국의 티켓을 탈 수 있는 것이다.
「누구든지 제 목숨을 구원하고자 하면 잃을 것
이요 누구든지 나를 위하여 제목숨을 잃으면 찾
으리라」고 한 바이블의 말씀을 음미하라.

···주여 이런 가정이 되게하소서···

"사랑하는 하나님."
나를 믿음직스럽고 지혜롭고 강한
아이로 만들어 주셔요
아빠처럼요
그리고요
언제나 나를 위해 기도해 주시고
사랑많은 엄마처럼 만들어 주셔요
하나님은 할 수 있으실 거예요.

"오./ 하나님"
나를 이 은하처럼 만들어 주셔요.
언제나 순결하고 솔직하며
진실한 믿음으로
당신을 신뢰하는
이 은하처럼
정결케 만들어 주소서.

··· 과거를 묻지 말라 ···

어떤 신혼부부가 서로 한창 정이 깊어 가는데
남편이 제안하기를 우리 두 부부에게는 털끝만치도
비밀이 없이 살기로 합시다.
그런즉. 과거의 것을 모두 고백하기로 합시다.
여자가 생각하기를 과거를 고백하는 것이
마땅하고 또 사랑의 표시일 것 같아서
처녀시절의 사소한 로맨스를 고백했더니
그렇게 오해하지 않겠다던 남편이
금새 표정이 변하더니 문을 박차고 나갔다는
얘기가 있다.
과거를 묻는 남자도 바보고
과거를 고백하는 여자도 어리석은 사람이다.
태양을 가르는 배는 절대로 뒤돌아 보지 않는다.
오직 정해진 항로를 따라 쉬지않고 전진할뿐이다.
인생이란 것은 바로 이런 것이다.
과거를 뒤돌아볼 겨를이 없다.
현실에 충실하며
희망찬 미래를 향해 전진하라.

…사랑의 웃음꽃을 피워라…

인간은 병을 위해 온갖 약품과 기계를 생산해 낸다. 그러나 병이 생겨나는 근본원인을 치료하는 약은 없다. 그런데 병이 생겨나는 원인을 알고보면 아주 간단하다. 그것은 보이지 않는 마음의 병에서 생겨나기 때문이다.

지금 세상은 못먹어서 생겨나는 병보다 너무 잘 먹어서 갖가지 현대병이 속출하고 있다. 비만, 당뇨, 고혈압, 심장병 등은 너무 지나치게 잘먹어서 생겨난다고 한다.

병이란 치료보다 예방이 우선이다. 우리 인체에 적혈구가 있고 백혈구가 있는데 적혈구는 산소를 공급하고 백혈구는 병균의 침입을 막아내는 일을 감당한다. 백혈구의 저항력을 강하게 하려면 언제나 편안한 마음을 가지고 감사하는 생활을 하라. 그리고 남을 미워하지 말라. 남을 미워하면 그 마음에 독을 품게되므로 몸에 좋을리가 없다.

항상 기뻐하라. 기뻐하는 마음이 최상의 보약이고 사랑의 웃음꽃이 최고의 양약이다. 웃음꽃에는 모든 질병이 물러간다. 우리는 기쁠때 웃지만, 웃으면 기뻐지는 법이다.

… 아침에 근심된 말을 하지말라 …

주부로써 아침부터 근심된 말은 말아야 한다. 남편의 밥상머리에 앉아서「오늘은 계돈을 꼭내야 하는데……」식으로 돈걱정이나 집안걱정을 시작하여 남편의 밥맛이 떨어지게 하는 주책없는 말은 말아야 한다. 이러한 행동은 즐거워야할 남편의 하루를 아침부터 망쳐놓는 행동이다.

남편 역시 마찬가지다. 늦게 일어나서 반찬투정이나 부리고 짜증을 내면 아내 역시 하루종일 기분이 좋을리가 없다.

언제나 식탁을 마주앉아 웃으라.

(수고했오. 잘 먹겠오. 오늘 아침 오이찌개는 정말 맛있는데……) 이런 따뜻한 말로 아내의 수고를 위로하며 칭찬하라.

아내는 이런 남편의 말한마디에 한없이 행복해하며 하루종일 콧노래를 부르며 집안일을 열심히 할 것이다.

··· 자신을 귀하게 여겨라 ···

하늘을 찌를듯한 낙랑장송도 자그마한 씨앗이
싹이터져 만들어진 것이다.
씨중에 가장 작은 겨자씨가 자라서 숲을 이루어
새들의 보금자리가 된다.
자그마한 내 가슴속에서 씨앗이 싹트면
하늘과 땅을 꿰뚫는 무한한 힘이 된다.
자신을 업신여기지 말고 조그마한 울타리 안에
가두지 말라.
자신의 참모습을 발견하려고 힘쓰라.
나는 위대한 인물이 될 수 있다.
나도 성공할 수 있다는 확신을 가지고
일어나 앞으로 가라.

···미래의 청사진을 그려라···

옛날 인도의 어느 왕자가 곱추였다.

그는 조각가에게 곱추아닌 자기의 모습을 만들어 달라고 부탁했다. 왕자는 그것을 숲속에 숨겨두고 매일 아침마다 치성으로 기도를 드렸더니, 곱추가 아닌 왕자가 되었다는 실화가 있다.

이미 타계한 오나시스도 열차간에서 땅콩을 팔 때부터 그는 세계제일의 거부를 꿈꾸었던 사람이며, 인류역사상 가장 위대한 대통령으로 추앙받는 에브람 링컨도 마찬가지다. 그는 15살때 아버지를 따라 노예시장을 구경가게 되었다. 노예가 막 경매되는 광경이었다. 어린아기를 안고있는 흑인여자는 울고 있었다. 이때 백인 노예상인은 노동에 방해가 되는 어린아기를 빼앗아 거침없이 내팽개 쳤다. (으 앙 앙……) 이 생명의 절규를 소년 링컨은 들었다. 그렇다 내가 저놈의 제도를 때려 부숴야 되겠다. 링컨은 두주먹을 불끈쥐고 백악관을 바라보기 시작했다. 15살의 국민학교 3학년 중퇴자가 백악관의 청사진을 그려놓고 주경야독하여 마침내 그는 대통령이 되었다. 대통령이

된 그는 그때 맹세한대로 흑인노예를 해방시키는
인류 양심의 태양이 되었다. 당신도 미래의 희망
찬 청사진을 그려놓고 분투 노력하라. 암시의 청
사진은 반드시 이뤄지는 법이다.
　「정신일도 하사불성」

… 자녀들아 네부모를 공경하라 …

　요즘 우리 주변에 심각한 노인문제는 국가적인 차원에서 거론되고 있다. 제아무리 좋은 양로원에 입원하여 의식주에 불편함이 없다 하더라도 노인의 마음은 언제나 손자손녀와 더불어 아기자기한 인생의 황혼을 맞고 싶어하는 것이 노인의 마음이다.

　그런데 요즘 시부모를 모시기 꺼려하는 미혼여성이 있는데 이건 참으로 답답하고 한심한 노릇이다. 그녀들도 나이 많아지면 시어머니가 안될 수가 없을텐데 우선 시부모 모시기가 거추장스럽다는 것이다.

　옛말에 효자가문에 효자나고 불효자 가문에 불효자 난다는 말이 있다. 만물의 이치로 따지면 뿌리에다 거름을 주지 않고 가지에다 거름을 주게 되면 가지가 성장하는데 역효과를 가져온다. 부모님은 우리의 뿌리요 자녀들은 가지인 것이다.

　어느 분이 자녀들에게 "애야 제발 효도 좀 해라"고 하니 아들녀석의 말이 "아버지는 할아버지 할머니한테 어떻게 했는지 생각지 않으셔요" 이렇

159

게 대꾸 하더란다. 요즈음 아이들은 부모님의 일거일동을 예사로 보지 않는다.

부모님을 잘 모시는 것은 하늘의 법도요 하나님의 마음입니다. 부모님을 공경하는 것이 곧 하나님을 공경한다는 뜻입니다.

···당신도 팔 수 있다···

이 지구상에 세일즈맨이 아닌 사람은 없다.
농부는 농사기술을 팔고,
대학교수는 학문을 팔고,
노동자는 노동력을 팔고,
또 회사의 많은 샐러리맨은
각기 전문지식을 팔아
서로 주고 받는 수수관계로 이 세상을 살아간다.
모든 세일즈맨이여!
힘을 내고 용기를 내라!
그대 마음속에 도사리고 있는
부정적 소극적인 나약한 심성을 깨부수고
마음의 창문을 열고 적극적 긍정적인
신념의 암시를 충전하라.
그리고 힘차게 뛰어라.
「먼저 자기자신을 설복시킬 수 없다면
　남을 설복시킬 수 없다는 것을 명심하라」
"신념 제1호"
하면 된다—
하면 된다고 거듭 되풀이 하여
신념의 에너지를 충전하라.

161

···신념을 가져라···

아 아 오늘도 희망찬 하루가 시작되었다.
나는 이제부터 매사에 자신이 넘친다.
힘이 솟는다 뜨거운 심장이 뛰고 용기가 솟는다.
나는 오늘도 최선을 다하겠다.
많이 팔도록 힘차게 뛰겠다.
시간은 기다려 주지 않기 때문이다.
나도 할 수 있어, 왜 못해!
나는 기여코 해내고야 말겠다.
바로 지금이다. 바로 여기다.
이제부터 실천한다. 즉시 행동으로 옮긴다.
나는 조금도 두렵지 않다.
나는 조금도 부끄럽지 않다.
나는 내직업에 긍지와 자부심을 갖는다.
이 얼마나 멋있는 직업인가?
성공한 사람을 보라.
세일즈맨에서 출발하여 성공한 사람이 그 얼마나
많은가! 오나시스도 열차간에서 땅콩을 팔았던
사람이다.
　　하면 된다─

하면　된다——
소극적이고　부정적인　귀신아　물러가라.
나태하고　게으름뱅이　귀신아　물러가라.
나는　이제부터　거듭나는　각오로　내　인생을　열겠다.

대한민국
산천초목
억조창생
영원무궁

164

복지 정책
범죄 추방
사회 정화
국정 안정

—사랑의 십계명—

사랑은 먼저 주는 것입니다

사랑은 아름답습니다

사랑은 진실합니다

사랑은 겸손합니다

사랑은 정의에 용감합니다

사랑은 과거를 묻지 않습니다

사랑은 보이지 않습니다

사랑은 높은 이상을 가집니다

사랑은 십자가를 집니다

사랑은 승화합니다

앙덕실정

신미진애

뿌리깊은
가정

167

주님 영접
가정 평화
구원 축복
최후 승리

육의 세계
영의 세계

영의 세계를 보는 자는
소망이 있으리라

보이는 세계
보이지 않는 세계
보이지 않는 세계를
보는 자는
복이 있으리라

너희는 등과 기름을 준비하라

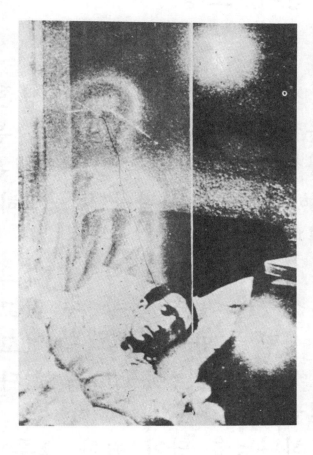

▶ 멕시코에서 공인된 심령사진

1968년 Y·H·C라는 사람이 숨을 거두는 순간이다. 뒤에 서서히 이탈되어 가고있는 그의 영혼의 모습이 보이며 주위에 그를 영계로 초대하는 저승사자로 생각되는 흰 광채들이 나타나 있다.

몸은 여전히 땅으로 돌아가고 영혼은 그 주신 하늘나라로 돌아가는 것을 기억하라.

한번 죽는 것은 사람에게 정하신 것이요 그 후에는 심판이 있으리라.

인간의 고향

당신은 자신이 왜 이 세계에 생존하고 있으며, 인생의 목적이 무엇인가를 질문해 본 적이 있읍니까? 당신이 어떤 부류의 사람이든 어떤 종류의 일을 하든 모든 사람들이 공인하는 몇가지 일이 있읍니다.

금전이 사람을 만족케 할 수 없고,

학문도 사람을 만족케 할 수 없고,

향락도 사람을 만족케 할 수 없고,

성공도 사람을 만족케 할 수 없다.

왜 그렇습니까……?

사람은 하나님을 담기 위한 그릇이기 때문입니다. 장갑이 손의 형상대로 만들어진 목적은 손을 담기 위한 것입니다. 그러므로 사람은 하나님의 형상대로 지음을 받았기 때문에 하나님을 담기위한 그릇입니다. 물병이 물을 담기 위한 그릇이듯이 사람은 하나님을 담기 위한 것입니다. 하나님을 담지 못한 지식, 부(富), 향락, 성공이 당신을 만족케 하지 못합니다.

많은 사람들은 이렇게 말합니다. "무슨 천당과

지옥이 있단 말이요. 이 세상에서 마음껏 먹고마 시며 즐기다가 죽으면 그만이지 ……"

과연 그렇습니까? 그렇게 말하는 사람들이 결코 행복해 보이지 않았읍니다. 이것은 자기를 속이고 있다는 증거가 아니겠습니까? 많은 사람들은 이런 그릇된 인생관을 갖고 살아갑니다.

사실, 죽음 저쪽이 어떠한 장소로 이해 하느냐에 따라서 인생관과 역사관이 통째로 영향을 받을 만큼 중대하고 심각한 문제입니다.

오늘날 우리가 당면하고 있는 사회적모순과 인간성의 상실, 문명의 타락은 단순히 인간외적 요인인 체제의 모순에서만 비롯되는 것은 아닙니다. 오직 보이는 이 세상이 전부라고만 생각하기에 엄청난 모순이 갖가지 사회악을 연출해냅니다. 만약 그렇다면 얼마나 좋겠습니까? 하늘이 알고 땅이 알고 자기자신이 아는데 어찌 거짓말을 할 수가 있겠습니까? 모래위에 쓴 글씨는 파도가 밀려와서 지워버리지만 자기가 지은 죄는 마음의 거울을 닦아 지우는 것입니다. 마음의 거울이 희미한 자는 하늘나라를 볼 수가 없습니다. 마음이 청결한 자가 하늘나라를 볼수 있다고 바이블은 말했습니다. 「이 세상만이 전부가 아닙니다」 어리석은 사람들은 이 세상이 전부라고 생각하기에 자기만의 향락주의에 사로잡혀 영혼세계의 새마을호를 놓치고 맙니다. 그때 가서 슬피울며 이를 갊이 있을 것입니다. 지금이라도 늦지 않습니다. 늦다고 생각하는 그 시간이 구원받을 수 있는 유일한 기회입니다.

하나님을 믿으며 하늘의 뜻을 받들어 자신의 촛불을 태우며 어두운 주위를 밝히는 하나님의 마음을 담읍시다.

… 하늘의 별을 보라 …

무수히 반짝이는 별들은 모두가 알고 보면 우리가 살고 있는 이 지구보다 엄청나게 큰 것들이라고 한다.

우리는 밤하늘의 별을 볼때 이 땅위의 명예와 부가 형편없이 초라한 것을 깨닫게 되며 어떤 보이지 않는 신비로운 음성이 들리는 듯하다.

"네가 살고있는 세계와 목숨과 명예와 돈은 바닷가에 모래알처럼 작은 것에 불과하다. 너에게는 네눈으로 볼 수 없는 더크고 넓은 세계가 있다는 것을 깨달아라."

어린아이들은 참으로 어리석다.

누가 과자 한봉지와 천만원짜리 보증수표중 하나를 고르라고 한다면 그는 과자를 집을 것이다. 당신은 그것을 보고 웃으실 수 있겠는가. 이세상 명예와 재물로 바꿀 수 없는 더 크고 신비로운 영생이 있다는 것을 깨달아야 할 것이다.

신(神)이 말씀과 책을 주었고
인간은 그것을 먹으며 살아간다.
그러므로 사람이 책을 만들고
책이 사람을 만드는 것이다.

태초에 말씀이 계시니라
태초에 있는 생명의 말씀

부탁의 말씀

사랑하는 애국동포 여러분!

먼저 이 가훈집을 끝까지 읽어 주신데 대하여 진심으로 감사를 드립니다.

여러분 보신 소감이 어떻습니까?

나 한사람이 중요합니다. 내가 변하므로 상대도 변합니다. 죄를 알고도 불의를 보고도 꾸짖지 않으면 이 사회는 더욱 더 혼란스럽고 어두운 사회로 전락할 것입니다. 모닥불이 모아져 주위의 어두움을 물리치듯, 사랑이 병들고 죽어가는 이 사회를 위해 무엇을 어떻게 하면 좀더 밝고 건전하게 만들수 있을까 하는 좋은 의안이나 충고의 말씀을 주시면 많은 도움이 되겠습니다. 전화나 엽서 또는 귀중한 시간을 할애하셔서 저의 녹색클럽 사무실에 일차 왕림해 주셔서 조언을 해주신다면 더 바랄 것이 없겠습니다.

그리고 저희 녹색회는 과연 내가 인류를 위해 민족을 위해 헌신봉사 할 수 있는 현실에 필요한 인재를 찾고 있습니다. 아무쪼록 여러분의 지도편달을 바라마지 않으며 이 책을 출판케 해 주시고

177

물심양면으로 후원해 주시는 많은 분들에게 심령 깊은 감사를 드립니다.

부디 여러분 가정에 神의 각별하신 가호와 은총이 충만하기를 간절히 기원합니다. 감사합니다.

판권소유

名家의 家訓集

2002년 1월 10일 인쇄
2002년 1월 20일 발행

편저자 : 녹색클럽
발행자 : 김 종 진
발행처 : 은 광 사

등록날짜 : 1997. 1. 8
등록번호 : 제 18 - 71호
주   소 : 서울시 중랑구 망우동 503 - 11
전   화 : 763 - 1258, 764 - 1258

정가   12,000원